日本のコミュニケーションを診る

遠慮・建前・気疲れ社会

パントー・フランチェスコ

光文社新書

まえがき

本書は「遠慮」「建前」「気づかい」などをはじめとした、日本社会のコミュニケーションの特徴やその背景にある考え方について論じている。

こうやって言うと、偉そうに聞こえるかもしれない。まず、私は何者なのか、この本を書いたきっかけ、この本を通じて伝えたいメッセージを記したい。

筆者はイタリア生まれ、イタリア育ちのイタリア人。生まれてから18歳までをシチリア島で過ごした後、医学部に通うためローマへと移住した。そして、ずっと恋しく思っていた日本の文化に囲まれて精神科医として生きたいと願うようになった。突飛に聞こえるだろうが、筆者は日本のゲーム、アニメ、漫画などに子どものころから取りつかれていたのだ。このあたりの経緯は前著『アニメ療法《セラピー》』に詳細を記しているので、興味のある方はぜひ読んでほしい。
それと同時に、異文化での生活自体への興味や好奇心も持っていた。人間の心理に働きかける文化の役割を理解したい。自分が生まれ育ったイタリアと比較して、日本で生きる人の行動、考え方は違うのか。もし違いがあるとして、人間に必要な性質は根本的に同じなのか、違うのか。こういった問いに興味をそそられていた。

精神医学を学び始めた際に、「ひきこもり」という社会現象に触れた。「ひきこもり」という言葉はイタリア語に翻訳されず、日本語のままだった。翻訳した人たちは、この現象を「異物」と感じたから訳せなかったのか、つまりひきこもりは日本社会に限定された存在なのか？　という疑問が浮かんできた。

そこから「文化依存症候群」（cultural bound syndrome）について学び始めた。文化依存症候群は環境や行動・慣習をきっかけとした、特定の文化にしか現れない症状を意味し、異文化との比較で判断される。ある行動を自明のものとしている社会はそれに対する自覚を持ちにくいが、異文化から見ると客観的に評価できることは多々ある。

とはいえ、文化依存症候群を「病《やま》い」と決めつけるのは短絡的だ。正確には「文化的な現象」とみなすのが正解だろう。特定の文化に特徴的な行動（この場合はひきこもり）をとる人の健康に害があるかどうかで、それが病的か否かを判断する。悪影響がない限りは、病的と決定すべきではない。精神疾患の診断と統計の世界的基準であるＤＳＭにおいても、病的な感情や行動を判断する際には、それぞれの文化における平均的な個人の感じ方と比較し、そこから逸脱するもののみを病的と判断する。本書でも、日本に独特な慣習のように見えるさまざまなコミュニケーションのあり方を、単に文化的な現象というのではなく、「文化依存症候群」として定義したい。

どうして日本のコミュニケーションをテーマに本を書こうと思ったのか。筆者はイタリアやヨーロッパの国々においてこうしたコミュニケーションの様式に触れたことがほとんどなかったからだ。日本に来てから、気をつかわれすぎて人間関係がギクシャクしてしまったり、自分自身が建前で振る舞うようになって他者との距離が開いてしまうことなどがあった。こういった経験で得た「違和感」が、建前の心理的な意味を探究することへのモチベーションとなった。

また、本書では日本社会の特徴を見ていくが、「助けてほしい」「愛されたい」「認められたい」といった人間の感情は文化が違っても変わらない。私たちが人間関係に求めるものはある程度普遍的だという信念を持っている。だから、日本に生きる人が建前に依存しすぎることで心を病んでしまうのではないかと危惧している。特定の慣習が人間の普遍的な欲求を押し殺していることに気づいてほしい、そこから脱け出してほしいという願いもある。

筆者の生業《なりわい》は精神科医であり、精神医学や心理学、社会学などの知見を本書でも主なバックボーンとしている。特に負の体験やトラウマなどを処理して自分を再構成するプロセスに焦点を当てている。そのため、第1部では心の構造や人間のコミュニケーションに関する理論的なところをピックアップして伝えたい。このパートは第2部以降の主張を理解するうえでの土台になるだろう。なるべくコンパクトに整理したつもりだが、学術的な概念も多く含まれており、少し難しく見えるかもしれない。

日本社会に対する筆者の考えをすぐに知りたい人は、第2部から読んでいただいても構わない。ここでは日本社会に（ある程度）固有だと思われる気風について、その背景を含めて考察している。

そして第3部では日本社会で支配的なコミュニケーションのスタイルを可視化しようとし

た。また、その症状がどのように心と身体を蝕《むしば》むのかを検討し、どうすれば緩和できるかについても考えた。

筆者はイタリアと日本の精神科医療に携わっているが、この本は科学的なエビデンスや厳密性に基づいた論文ではなく、科学的なエビデンスから発想や仮説を広げて、持論を展開するものだ。ある程度研究によって立証された知見が議論のベースになっているが、考察は筆者の観点に過ぎない。筆者自身の論文などをベースにした前著『アニメ療法』とは異なり、大胆な仮説や類推にも依拠している。研究知見がある情報についてはなるべくその旨を記述しているが、精緻な理論というよりは気軽なエッセイとして読んでいただけると嬉しい。

日本のコミュニケーションを診る————目次

本文イラスト作成：コッリアス・ヴァレンティナ

第1部　「心の痛み」の伝わり方

「痛み」を伝えるメカニズム

「心が痛い」という日本語表現はかなり面白いな、と日本語を学んでからいつも思っていた。もし心が物質的なもので心臓にあるのだとしたら、正しくは「心臓が痛い」である。でも、心が痛い、つまり精神が傷ついているときにそんなことを言う人はいない。ちなみに心臓には心臓交感神経と心臓副交感神経があるが、痛覚を伝達する神経繊維自体が存在しない。痛覚の受容体もない。心臓の痛みを訴える患者の多くは、心臓を包む膜の痛みを指している。

極端にいえば、痛みは人間が互いに助けを求め、他者を頼るための仕組みである。傷ついていることが痛みという形で表れない限り、人は誰かに救いを求められない。一人で生きて一人で死ぬ、孤独な生涯になるだろう。私たちは痛みで他者とつながっているとすらいえる。痛みそのものは不快な感覚だが、それにより助けを求めて痛みの原因を除去できるので、人が生物として生存するうえでも合理的な機能である。

人は身体だけでなく「心が痛い」と感じる、つまり「気持ち」が苦しくなることがある。ただ、心の痛みは身体のそれといくつか違うところがある。

身体へと痛みが伝達するメカニズムは次の通りだ。

①　細胞組織がダメージを受ける
②　痛覚の受容体が反応する
③　痛みが伝達される

このプロセスは科学的なもので、その人の身体を診《み》れば痛みの度合いはかなり理解できる。しかし心の痛みは②と③、つまり受容と伝達の段階の間に、記述不可能な「人間の意志」が介在する。どのように心が痛みを感じるのかは本人次第だ。さらにいえば、どの痛みを他者に伝えるかもその人次第であり、外から痛みの全てをうかがい知ることは不可能だ。つまり、身体と違って心の痛みは本人がそれを十分に感じ取り、かつ他者に隠さず伝えることで初めて認識される（**図1**）。

この「他者に伝える」ことがいまの世の中では大きな障壁となっている。自分は心にダメージを受けてもだえ苦しんでいるのに、それを誰にも伝えられないことで危機から脱することができない。そのような人がたくさんいるのだ。

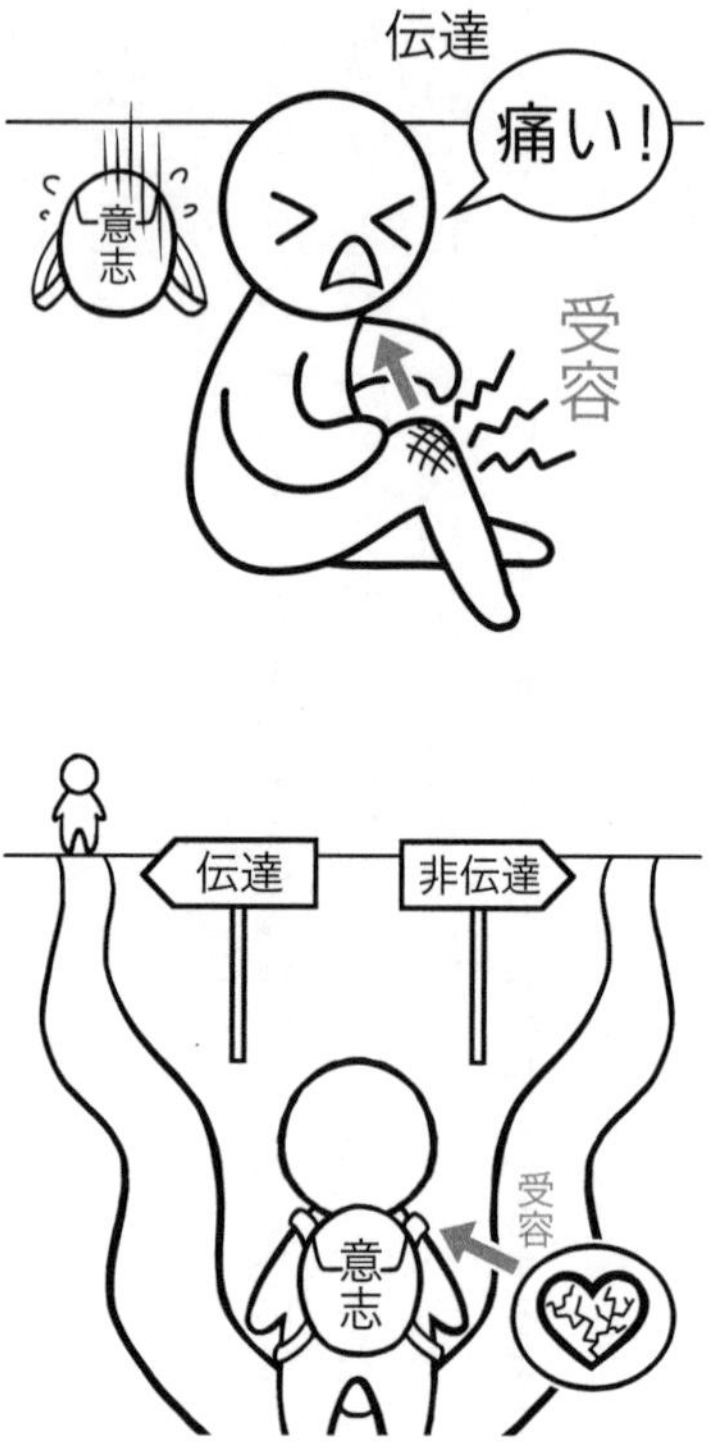

図１　身体の痛み（上）は受容と伝達が自動的に行われる。一方、心の痛み（下）は受容してもそれを他者に伝えるかどうかは私たちの任意的な選択になる。

自分のエゴを受け入れる

心の痛みを他者に伝えるか否かは、人間の意志次第だ。意志とは、自由な意図に基づいた目的追求の行動である。しかし人間はそう単純な生き物ではなく、常に他者や社会の影響を受けている。好きな服を買うときだって、その「好き」に生きている時代や国の嗜好が（あえてその逆を選ぶという意味でも）全く影響しない人はいないだろう。私たちの心には、他者が高い価値をつけたものを欲しくなる「模倣欲望」がある。これは幼少期に誰か（主に親）の物まねをしてルールや行動を覚えていくことと共通した、脳神経生物学の基盤でもある。他者の欲望が自身の欲望とまじりあい、私たちは他者の言動を模倣するようになる。

しかし個人の幸せを自我、集団の幸せを超自我とみなせば、人間の精神的な健康のためにはあくまで自我に重心を置く必要があると筆者は考える。それは、心の痛みを他者へ伝達するための不可欠な条件でもあるからだ。心の痛みを伝えるには、自分が苦しんでいることを認識するだけでなく、その痛みを他者へ伝えようとしなければならない。つまり積極的に自分のことを表現しようとすることが大事である（図2）。

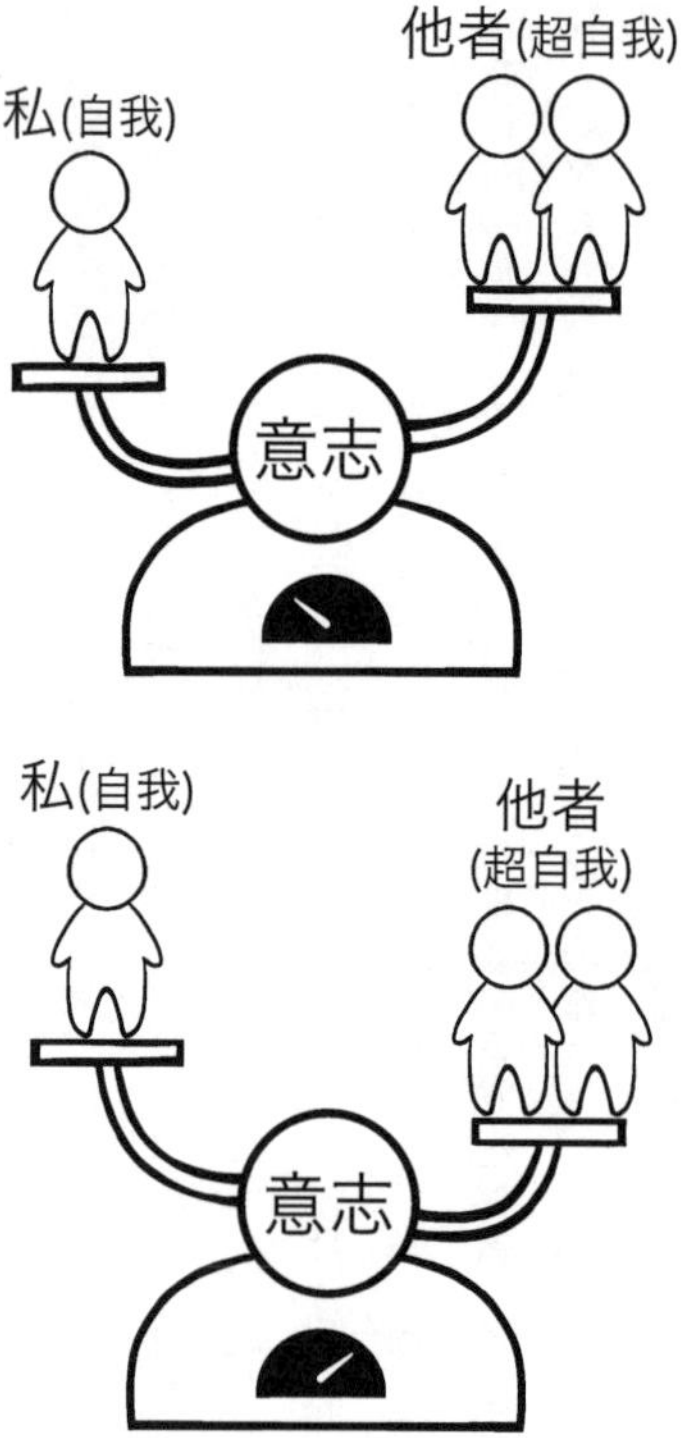

図２　健全なエゴイズム（上）の場合、天秤は自我の方に傾く。不健全な模倣欲望（下）の場合、超自我に傾く。

周りへ「私は苦しんでいる」と伝えるには意志や努力が必要だ。他者の欲望に重心を置くことは、その努力を放棄することにつながる。人間は生まれながらのエゴイストであり、そのエゴイズムは恥ずかしく思うことではなく、受け入れるべき事実である。

「関連痛」と「体性痛」

私たちの身体は摩訶不思議で、痛みの発生源とは異なる場所が痛むことがある。このような痛みは医学的に「関連通」と呼ばれる。一方、痛みを受容した場所がそのまま痛む場合は「体性痛」と呼ばれる（図3）。

心の領域でも同様に、関連痛と体性痛という異なる伝達方式があると思う。例えばある子どもが学校でいじめられており、学校に行きたくないとする。しかしその子は親に「お腹が痛いから学校に行けない」と言う。これは「いじめられて嫌だ」という気持ちが腹痛に変換されているという点で、関連痛のような伝達形式をとっている。本当は体性痛のように「いじめられて傷ついている」とストレートに伝えることでしか問題の解決にはたどりつかないだろう。精神的な苦しみを身体の不調に置き換えて訴えてしまうことは、誤った伝達方法を

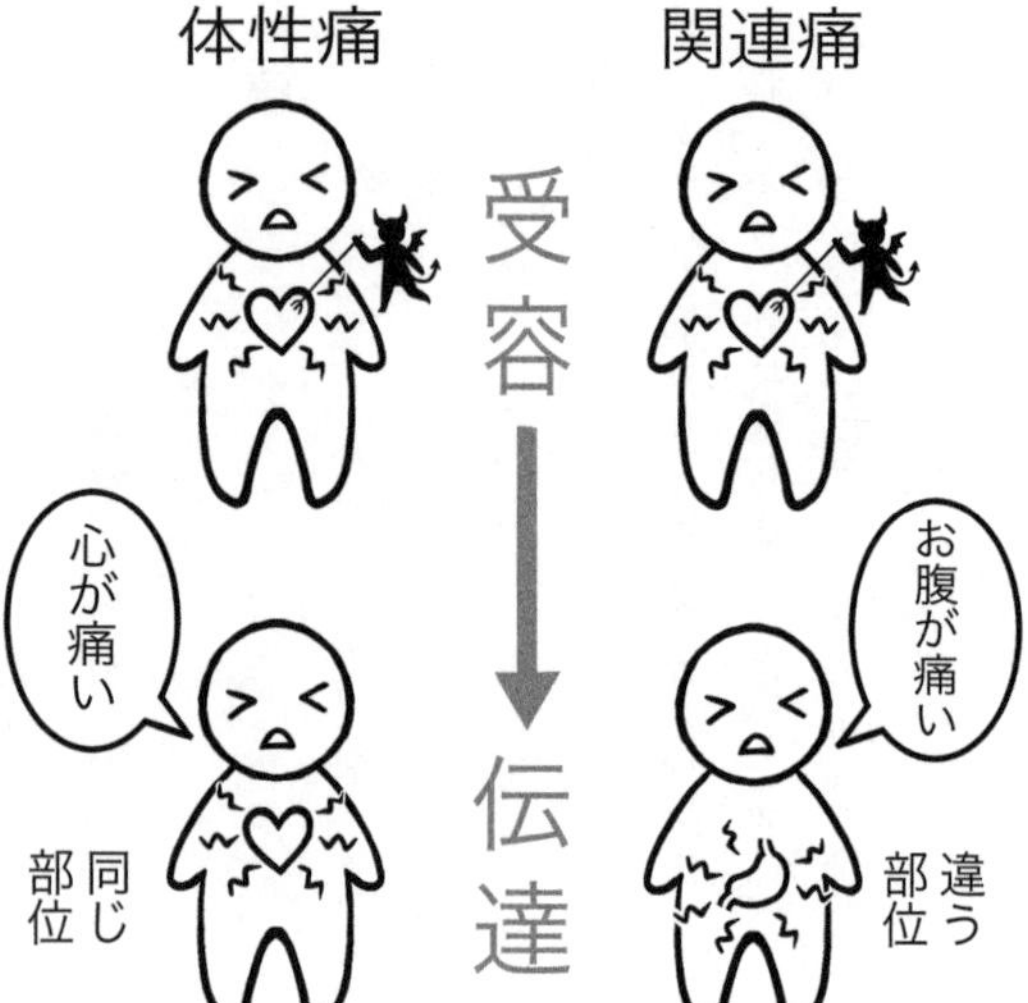

図３　心の痛みの身体化メカニズムに関する仮説モデル

選んでいるといえる。

こうした、心の痛みを身体の痛みに置き換えたケースはたいてい、次のように進む。身体表現性障害という病気として総合病院やクリニックなどの内科にかかり、ありとあらゆる検査が尽くされても「異常なし」と判断される。そして心療内科または精神科を紹介される。その後は病院を変えたり、担当医師を変更したりするが異常は見つけられず、診断名をつけられない。決して詐病（ウソ）ではないので、患者自身も戸惑っている。

これは、患者が心の痛みを体性痛ではなく、関連痛として捉えてしまうことで起きているのではないかと思う。つまり身体と心の間に誤認が生じているのだ。

「外傷コミュニカビリティ」の欠けた大人たち

「心的外傷」（トラウマ）という言葉を聞いたことのある方は多いだろう。最近はテレビや新聞でも見慣れた言葉になってきた。端的にいえば「心の傷」を指す言葉であり、外傷には外の世界からの刺激でダメージを負ったというニュアンスがある。

私たちは人生でさまざまなダメージを受ける。嫌な出来事や相容れない人と付き合うこともある。その際、自己防衛の一環で「忘却」というプロセスが生じることがある。嫌な記憶を忘れ、安心を覚えるものに執着することでトラウマを防ぐ「建設的な自己欺瞞」である。

具体的には、青春期の認知的発達において自分が主人公の寓話（personal fable）を考え出すことがある。「中二病」と呼ばれる妄想も広い意味ではこれにあたるといえる。心理学者のデイヴィッド・エルカインドによれば、思春期の正常な認知的発達過程において、子どもは自らが世界の中心であるような思い込みを抱え、エゴイズムを基盤にした思想を抱く傾向がある。

他には「想像上の観客」という概念もある。子どもが周りの人から常に注目を浴びていると思い込み、まるで舞台に立っているかのように振る舞うことだ。その影響で身だしなみに気をつかったり、あるいは自身のささいな欠陥を気にしすぎたりする。エルカインドによれば認知が発達するにつれてこの思い込みは和らぎ、自身の存在が周りと対等なものであることに気づく。

筆者の考えでは、子どもに限らず大人もこうした「建設的な自己欺瞞」をしながら日々過ごしている。それは人生のさまざまなストレスから自分を守ることにつながるので、決して悪いことではない。とはいえ、程度が肝心だ。思春期のような肥大した物語を大人になっても抱えていると、外傷コミュニカビリティの支障になりうる（図4）。

ここで初めて「外傷コミュニカビリティ」という言葉を使ったが、どういう意味だろうか。説明するには、トラウマが起きた際の、心の中の反応にもっと深く触れる必要がある。

私たちは自分ではコントロールできない、心の処理能力を超えたレベルのトラウマに襲われることがある。そうしたトラウマの基盤にあるのは「記憶」であり、その点で「忘却」こそトラウマに惑わされない秘訣である。

冒頭で説明した痛みの伝達メカニズムには実のところ、受容と伝達の後に「収納」というプロセスがある。忘却できないほどの心の痛みは記憶として保存される。そして、やがて痛みは色あせたホログラムのようになり、私たちは痛みを忘却できなくても平常心を保っていられるようになる（図5）。

こうした過程で「収納」された記憶から、私たちは痛みの体験をいつでも追憶できる。思い出すことで自身が学ぶだけでなく、他者に痛みを伝えることができる。この、収納された心の痛みを語る能力が「外傷コミュニカビリティ」である。自分が感じた心の痛みを追憶することで、自分と他者に対して痛みの意味を言語化するのだ。

先ほど、度を越えた自己欺瞞が外傷コミュニカビリティの支障になりうると言った。それ

図４　人間は寓話を通じて自分を守りながら、負の感情と向き合う。大人になるにつれて負の感情の処理能力が発達する。一方、個人の寓話が肥大化すると、自分を守るために心の痛みと向き合わなくなる。このまま大人になった場合、負の感情と向き合う能力は未熟なままである。

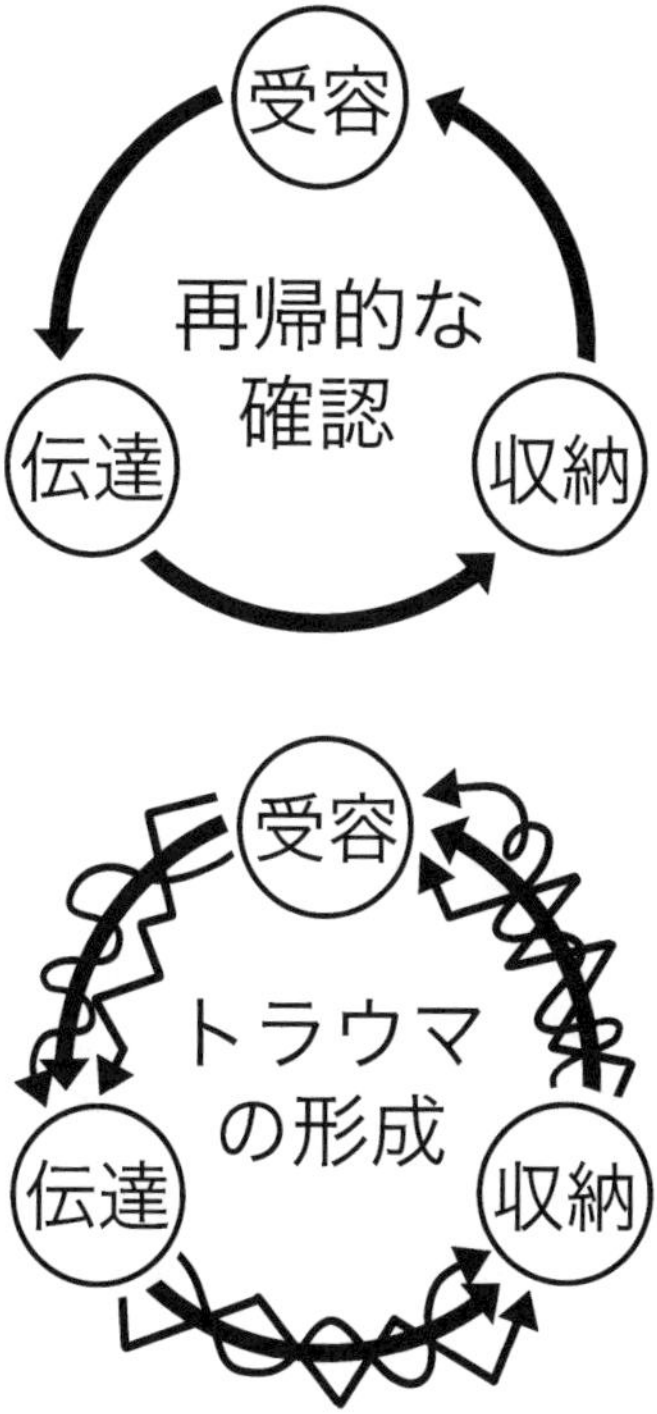

図５　心の痛みは「受容」（痛みを感じる）、「伝達」（他者に伝える）、「収納」（記憶として保存する）のプロセスで処理される（上）。「収納」は「受容」の再帰的な確認作業ともいえる。しかし、心の器の許容度を超えたストレスは心の痛みの経路（受容、伝達、収納）を反復的に刺激してしまい、結果としてトラウマが形成される（下）。

はなぜか。なぜなら、ストレスによって生じた負の感情と向き合うのを避けることになってしまうからだ。

ここまでトラウマの話をしてきたが、深刻なダメージにならない程度の負の刺激は必要だ。発達過程において、一定レベルでの負の刺激は避けがたいものであるし、良い体験だけ味わえる人などいない。誰しも多少は傷つく。そのとき、自分の物語に逃げ込んでしまうとどうなるか。痛みと向き合うことから逃げ続けてしまうのである。

肥大化した自己を引きずったまま、負の感情の扱い方や伝え方がわからないという、外傷コミュニカビリティの未熟な人が大勢いる。彼／彼女らは心の痛みを自覚できず、他者に助けを求めることができない。一方、健全なトラウマを体験してきた人は外傷コミュニカビリティを備えており、他者に「自分はこういう風に苦しい」と伝えられる。

個人の中で受容され、収納された心の痛みがまた別の個人へとコミュニケーションを通じて伝達される。ＡさんはＢさんの心に痛みに共感し、その痛みを想像する。

伝える側は、心の痛みを相手に想像してもらい、それについて何らかの解釈がされ、再び自身のもとへ返ってくる。このような再帰的なプロセスを経て、私たちは自分の心を再構築する。コミュニケーションをする前にはなかった視点が加わり、新しい気づきを得られる。

自己言及と感情的知性

心の痛みを伝えるには「自己言及」の力が必要だ。

自己言及とは主体が自身について言及できる能力、すなわち一人称代名詞（私）を主語として意見を表明できる能力である。心の痛みを伝達する際には、対話の中で自分を主語にして意見を述べ、主体としての自分自身を表明することが求められる。それはただ自分にまつわる事情（出来事など）を淡々と話すことではなく、自身のアイデンティティを自覚したうえで、その主体に生まれたもの（感情や意見）を表すことだ。要は自分の個性、そのときに感じていることを素直に相手に伝える能力といえる。

このような自己言及を成り立たせるには、いくつかの鍵がある。まず、コミュニケーションにおいて自身の意志や感情を反映することである。天気の良い悪いや昨日のニュースでやっていた事件の話をただするだけでは、そこに自己言及は含まれない。それらに対する自身の感情的、認知的見解を織り交ぜることが必要だ。一般的な会話の中でも、自身の言動に理由づけがなされていれば、それは自己言及ができている状態である。自分の感じていることや、自分のとった行動を他者に解説できることが自己言及ができていることの証明である。つまり、自己言及とは他者からの評価や承認に依拠して行うものではなく、自己言及をきちんとできる人間は健全な自己肯定感を備えていることも意味する。

本書では、こうした自己言及を含んだコミュニケーションをパーソナルなコミュニケーションと呼びたい。一方、自己言及のできていないコミュニケーションはインパーソナルなコミュニケーションである（図6）。

筆者は、パーソナルなコミュニケーションができる人間は相手の評価に左右されない無条件の価値があると自分を信じることができており、その感覚がその人を自由にしていると考えている。

ここで、「感情的知性」（Emotional Quotient：ＥＱ）にも触れておこう。

感情的知性の概念はＩＱ（知能指数）と比較すると妥当性が検討しにくく不安定なものだが、これも心の痛みを伝達する際に「自己言及」に加えて大きな役割を果たすと思うので、少し説明したい。

心理学者のアンドリュー・Ｍ・コールマンは感情的知性のことを「他者と自己の感情を認識する能力」「情緒に区別をつけ正しく名乗る能力」と定義した。他には、行動や思想を営

図６　ある話題に対して自分の感情的、認知的な見解を述べるともっと親密な、パーソナルなコミュニケーションができる（上）。一方、客観的なことを述べる当たり障りのない会話はインパーソナルなコミュニケーションである（下）。

む能力、環境へ馴染《なじ》むためや目標達成のために感情を取り扱ったり修正したりする能力ともされている。コミュニケーションにおける感情的知性の役割は大きく、意思疎通をスムーズにすることが示唆されている。最も有名な仮説によれば、感情的知性は五つの因子（個人内、個人間、一般的気分、順応性、ストレス管理力）から成っている。

端的に言うと、会話において「心を通わせる」ことは感情的知性の一つの形である。異質な他者の心と自分の心の間をつなぎ、筋道をつくる。相手の心が自分とは違うことを理解したうえで、その心情に好奇心を抱いて、相手にそれを見せる。それらは感情的知性の役目であり、パーソナルなコミュニケーションを成り立たせるためには欠かせない力だ。感情的知性こそがインパーソナルな会話をパーソナルなものへと有機化させる。客観と主観の橋渡しをしているとも言い換えられるだろう。

感情的知性の程度は人によって差があり、生まれつきながらの傾向の他に、教育や習慣によっても変動する。また、どれくらい感情的知性を生かせるのかも本人の人格や社会のコンテキストに大きく左右される。

第2部　日本社会の精神を解剖する

ここからは、日本社会にフォーカスを当てて、より具体的な話を進めていきたい。

「目標重視」の社会と「表現重視」の社会

筆者は日本で暮らすイタリア人として、渡日する前も、在日しているいまも、西洋諸国と非西洋諸国（本書では日本を論じるに限るが）の最大の違いを感じることがある。それは、個人と集団に対する価値のつけ方である。

もはやありふれた言葉に聞こえるが、日本の文化的背景には「集団主義」が存在する。こうやって西洋と東洋の違いを強調すると、実際の社会に存在する複雑な構造や、ステレオタイプには当てはめられない差異の微妙なグラデーションを見落としてしまうおそれがある。だがそれでも、日本社会は個人の利益より集団の利益を重視していると言いたい。自分が初めて日本に住み、自分の個性を表現することが必ずしも社会に担保されていないとわかったとき、これがただのステレオタイプな理解ではないと感じた。

いかなる文化にも個人主義的な要素と集団的な要素が混在する。だからといって、ある社会を「支配」する主要な要素が存在しないわけでもない。オックスフォード英和辞典によると、集団主義の定義は「各々の個人が所属する集団に、個人を超える優先権を付与する行為形態または原理」となっている。集団主義的要素の一つの特徴として、個々の人間の思想や行動の複雑性を削ってしまう懸念がある。

ここでいう個人の複雑性とは、人間の内にある、矛盾しうる感情のことだ。例えば、好きな人と一緒になりたいが、その人はすでに交際相手がいる。このときに生じる社会に対する義務感（浮気は良くない）と、それでも抱いてしまう感情（好きだという衝動）との矛盾は、人間味の極致ともいえる。だからこそ多くの芸術作品のテーマにもなってきたのだろう。

集団主義の社会は、豊かな生活に必要なものをできるだけ効率の良いプロセスで獲得し、苦労を削減することが求められる。従って、共通の「目標」を重視する社会構成となる。作業を単純にすればするほど効率性が高まるわけだから、集団の利益のためには個人の複雑性とはイレギュラーであり、不要なものだ。

個人主義の要素を重んじる社会では、個人の思想や行動の「表現」こそ、社会の最終的な目的となる。そのため、みなが快適に暮らすことを目指しつつも、個人の複雑性を削《そ》がないようにする。プロセスを効率よく単純化することに、集団主義社会ほどは注力しない。だから個人主義的な社会は個々の思想も行動も不確かで面倒だが、それでも手放すには惜しい価値があると筆者は考える。

もう一つの違いとして、集団主義社会はマジョリティ（多数派）に共通する思想や行動パターンを、社会生活の美徳にする傾向がある。だが、大半の人が同じような言動をとることが世の中の調和を意味するわけではない。それはただ、均一性の高いグループをつくることに成功しただけである。そこでは「集団が満足すれば個人も満足できるはず」といった発想が生まれかねない。このような社会で暮らす人は一つの目的、つまり集団の目的に求心する。みんな仲良く平和に過ごしているように見えても、結局は集団の利益達成を前提にした調和であり、個々が本当に親密であることとは異なる。あくまで、社会の利益を目指した偽の親密さである。

逆に、個人主義の社会はそれぞれの人生の個人的な目的（社会の利益とは関係ない）に干渉せず、たとえ全体の調和が乱れるおそれがあっても個人の願望の追求を許す。人それぞれのニーズを認め、それが集団の調和と矛盾しているものであっても、抑圧しようとはしない。たとえ社会が混沌に陥るおそれがあっても、システムの調和を必死に求めない。人々は社会を「目的達成の手段」とする。

もう少し身近なたとえで説明すると、個人主義社会に生きる人は、不満を抱いていれば、職場の空気を乱す可能性があっても気軽に愚痴《ぐち》を吐くことができる。一方、集団主義社会でも同様の選択はありうるが、周りに咎《とが》められる可能性が否めない。極端な言い方だが、グループの調和維持が最優先され、社会が「目的そのもの」となる。

異文化間心理学の研究者Ｈ・Ｃ・トリアンディスの言葉を借りるなら、「個人主義者は集団の目標よりも個人的な目標を優先し、集団主義者は個人的な目的と集団的な目的の区別をしないか、あるいはそのような区別を行うならば個人的な目標を集団的な目標に従わせる」。筆者の考えでは、このような規範は空気のように漂うもので、必ずしもその社会の構成員が意識的にそうしているものではないし、自覚しているとも限らない。

ここでいま一度明記しておきたいが、個人主義と集団主義の双方に利益と不利益があり、筆者は異なる社会や国の間に優劣をつけるつもりは全くない。また、どの社会にも互いの要素がある程度存在しており、あくまでも度合いの問題であることを念頭においてほしい。

自分自身のことをどう記述するか

心理学者の嘉志摩《かしま》佳久《よしひさ》によると、個人主義または集団主義の要素を決めるのは、社会的背景だけではなく、自己観（self-construal）と呼ばれる個人の自己認識である。

自己観は個人的、関係的、集団的な次元からなり、その中の一つに「文化的自己観」が存在する。個人の最終的な自己認識が個人主義的なものになるか、または集団主義的なものになるかは、この文化的自己観に依存する。文化的自己観とは要するに、文化というメガネを通して人々が自分のことをどう見ているかについての、自己解釈である。

文化的自己観の研究で判明したのは、どの文化においても、人々は少なくとも二つの文化的自己観を表出できることだ。一つは「個人主義者」「独立者」「自律」「高自律性」の要素から形成され、男性性、また西洋の社会によく現れる。もう一つは「集団主義者」「相互依存者」「共同体」「関係性」の要素から形成される文化的自己観であり、こちらは女性性、また東洋の社会によく出現するパターンとされる。

異なる文化的自己観には異なるコミュニケーションのスタイルが見られる。西洋社会の人間は自己記述、つまり個人のことを話す際に人格特性を「標準的」に述べる傾向があると示唆された。例えば「私は素直」「私は誠実である」「私は一切こうではなく、友達を裏切らない」といった言い方だ。自分の人格を示す独立した特性で、自身のことを他者に説明しようとする。一方、東洋社会の人間は自己記述の際に「状況特性的」に述べる傾向がある。例えば「私は母親である」「私は大学生である」「私は社会人ではない」といった言い方だ（図7）。すなわち、西洋の人間は自己記述において他者に客観的に評価される属性ではなく、主観性を重んじて、自分の信念に基づく属性を述べる傾向がある。東洋の人間は他者に客観的に評価される属性、また周囲の環境との関係性を示す属性を述べる傾向が強いというわけだ。

自己記述はパーソナルな感情や思想を他者に伝えることである。自分がどういう存在か自覚し、それを他者に伝える。このとき他者の評価を気にしてしまったら、素直な自己言及をしづらくなる。周りの人はどう思っているのか、これを言ったら関係性はどう変わるのか……。さまざまな思いが胸をよぎり、「私は○○な人間だ」と断言する勇気がなくなってしまう。日本社会はもっと、「状況特性的」ではなく「標準的」に自分を表す方に寄せてもよいのではないだろうか。そうすることで、より率直な自己記述が可能になる。自己記述の能力は決して個人で変えられないものではない。私たち自身のコミュニケーションの習慣を変えることで、自己記述の能力を養うことができる。それはすなわち、第1部で紹介した「外傷コミュニカビリティ」を向上させることでもある。

筆者の考えでは、自己記述の力を養うためには周囲の環境との関係性ではなく、己の主観性を重んじて話す必要がある。他者や社会との関係性を示す属性ではなく、定量的に評価で

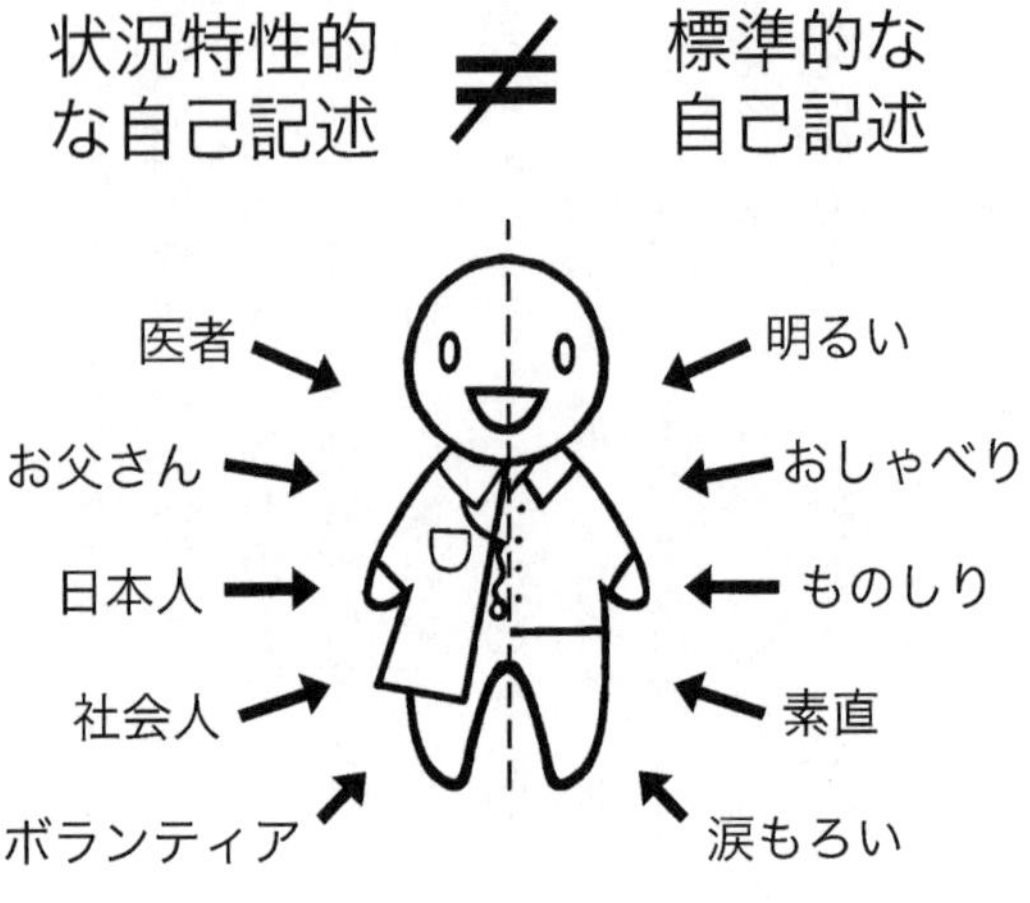

図7　東洋社会の傾向として、自分の外にあるものをレファレンスして自分を描写する（左）。一方、西洋社会の傾向として、自分の内にある性格特性をメインに自分を描写する（右）。

きない属性を述べることが有効だ。

具体的には「私は○○大学出身だ」ではなく「私は数学が好きでこの大学に通っています」といった話し方である。「職業は○○」「○○の出身」「独身か既婚」ではなく、「○○が好き」「○○が苦手」「これにはこう感じている」という、自身だけのオリジナルな部分に自覚を持ち、他者に伝えるのだ。社会的な立ち位置や他者との関係性によらない、己の独立した感じ方による価値観を持つことが、心の健康につながるといえる。

例えば「私は医者だから価値がある」と考える人は、自らが医者ではなくなった時点で自尊心が剥奪されてしまう。しかし「私は人に優しくて寛容だから価値がある」と捉えるのであれば、そうはなりづらい。このような、人間としての尊厳を自己の特徴として捉えた方が良いだろう。

そして、それは何より倫理的な問いでもある。人間としての価値は、存在するだけで与えられる。何か特別な能力を持たなければ価値がないわけではない。自己の尊厳のあり方が「状況特性的」ではなく「標準的」なものであれば、いくら失敗体験を重ねても、私たちの価値は損なわれない。周囲の環境、他者の判断基準や社会的役割に左右するようなものとして尊厳を捉えてしまうと、ステータス次第で私たちの価値は失われてしまいかねない。

しかしながら、日本社会は集団主義を主な背景にする社会であり、抽象的な人格特性を状況特性的に述べる傾向があると言ってよいだろう。筆者がなぜそのように考えるか、例を挙げて説明したい。

日本社会の場で自己紹介をするときは、必ず自身の所属を述べることがマナーだろう。会社、職場、学校、部活などの名前を述べるのが常識的で無難だと思われる。この「所属」こそ、日本社会において自己評価に不可欠な指標となる。それに依存して自己の価値が決められていると言っても過言ではない。また、社会的な所属以外に「交際状況」も同様の役割を持つ。独身か既婚か、パートナーがいるか否かというステータスも自己評価の一つの柱だろう。

「私は山田太郎です。出身校は●●です。××部に所属していました。いまは▲▲社に勤めています。２年前に結婚して……」

もちろん、日本以外の文化圏でもこのように肩書きを自己紹介に含めることはある。ただ、そのバランスは日本ほど偏っていない。状況特性的な自己記述それ自体が悪いわけではないが、それに偏りすぎると自分の価値が、自分にまつわる「状況」に依存してしまう。結婚していれば価値がある、いい学校を卒業できたら価値がある、人気のある部活を続けたら価値がある。それがない自分には、価値がない。

日本社会は標準的な自己記述を避ける傾向があるゆえに、感情の表出がないがしろになりやすく、個人の自尊心は状況依存的になり、容易に剥奪されてしまう。健全な自尊心を保つことが難しいのである。そのような社会で「心の痛み」を伝えることはできるだろうか?

タテ社会の自己感情

新型コロナウイルスの流行こそあったが、時代を追うごとに日本と欧米社会との異文化交流は増しており、その影響もあってか日本社会においても個人主義の風潮はどんどん強まっている。西洋社会から風のように運ばれた個人主義的要素は日本本来の文化と交差し、まじりあい、ユニークで筆舌に尽くしがたいパターンが生み出されている。

とはいえ、日本社会の根源にある要素が失われたわけでもない。和洋折衷のまじりあいが増えることで、かえって古来の文化との「落差」が浮き彫りになることもある。

こうした日本文化論の中でもよく名前の挙がる中根千枝の著書『タテ社会の人間関係』は、

日本社会における人間関係の特徴が論じられている。いま読んでも、その鋭い考察は新鮮で明瞭に映る。

中根の主題は「資格」と「場」の違いにまとめられる。どの社会にも集団の構成要素となる「資格」と「場」があり、それぞれ人々の認識や価値観を反映する社会構造の一つである。「資格」とは職業や身分など社会的個人の属性を表す。一方で「場」は地域、場所、空気など社会の所属を表す一定の空間を指す。より具体的にいえば会社や大学などのことだ。日本社会は「場」を強調し、従って「場」が自己定義のよりどころとなっている。

こうした中根の主張を本書の言葉とつなげると、日本社会ではコミュニケーションにおいて「場」を語ることが、自己記述の中心的な扱いになるわけだ。自身について話す際は所属という「場」を述べない限り、自己を肯定的に扱うことが難しくなる。状況特性的な自己記述と「場」の重視は似た考えである。

だから、両者に潜む問題も共通する。それは結局、「場」がどれだけ私たちのことを正確に描写できているのかという疑問である。「場」はあくまで無機質なものであり、個人の固有性に触れることは難しい。例えば「私は○○大学の出身です」と他者に言うだけでは、その人のパーソナリティは伝わりづらい。「私は○○の科目が好き」「こういう理由で○○大学を選びました」と説明する必要があるだろう。

「場」を強調したコミュニケーションは個人の感情を交えづらく、自分の所属する「場」以外の人との交流が難しくなるのではないかと思う。「場」を共有しない限り、同じ職種、同じ分野の人との自発的な関係づくりはなかなかスムーズにいかない。

他方、例えばイタリアでは「場」よりも「資格」が強調される。そのため共通の「場」がなくても、同じ分野で違う所属の人との自発的な交流が比較的しやすい。また、そこでのコミュニケーションは自己感情があらわになりやすい。

筆者の考えでは、「場」を強調する人、「状況的」に自己記述する傾向のある人は、コミュニケーションにおいて自己開示をしにくい人でもある。自分の話をする際に「場」や「状況」に執着すれば、プライベートな部分には触れにくくなっても不思議ではない。日本社会で生きる人の多くが、アイデンティティを「場」に依存してしまっている。共通の「場」がない限りアイデンティティが成り立たず、所属を共有しない相手に対しては自己記述が困難になる。

これまでの考察をまとめると、次の通りだ。

① 東洋社会は西洋社会に比べて「資格」より「場」を強調する傾向がある
② 自己記述の際に「資格」より「場」を強調する人は、抽象的人格特性を「状況特性的」に述べる傾向がある
③ 抽象的人格特性を「状況特性的」に述べる傾向のある人は、「標準的」に述べる傾向のある人より自己開示しにくい状態が発生する
④ 従って自己記述の際に「場」を強調する社会は、自己開示しにくい環境になる懸念がある

中根は「場」と「資格」で分けたが、筆者はコミュニケーションに該当する部分を取り出し、「場」と「自己感情」の自己記述という区分を提示したい。「場＝存在」のパターンはインパーソナルなコミュニケーションになりやすく、「自己感情＝存在」のパターンはパーソナルなコミュニケーションになりやすいと考えられる。もちろんどの文化においても両方のパターンが見られるが、主となる部分は文化によって異なると思う。

例を挙げてみよう。Aさんの息子のBさんが病気で手術を受けることになった。このとき、母であるAさんは、Bさんが手術室へ向かう前にどのような言葉をかけるだろうか。

場＝存在（インパーソナルコミュニケーション）が主な社会においては、見送りの言葉とし

てＡさんは「お母さんがいるから心配しないでね」と言う。一方、自己感情＝存在（パーソナルコミュニケーション）が主な社会において、Ａさんは「Ｂちゃん愛しているよ。待っているから」という言葉を送る。

もちろんこれはステレオタイプな例に過ぎない。日本にも後者の表現方法をとる人は存在するだろう。ただ、平均的にいえばこのように表現方法が分かれると思われる。

状況的に自己記述する傾向のある社会では、やはり「自己感情」よりも「役割」「場」を前提にして話しがちである。「お母さんがいるから」という言葉はまさしく「関係性」「役割」を重んじた自己記述となる。後者の「愛しているよ」という語りかけは「自己感情」を重んじた自己記述である。

医者は短パンで出勤しない？

自己記述とは乱暴にいえば己のアイデンティティを相手に伝える行為である。

とはいえ、人間のアイデンティティは複雑なものだ。個人の中にある複数の部分的なアイデンティティの「かけら」が組織化されており、それぞれが社会と結びついている。

一人の人間は社会の中にさまざまなポジションや役割を持つ。Aさんのアイデンティティは、Bさんの父親である自分、Cさんの仕事仲間である自分、Dさんの友人である自分……といったかけらの集合体だ。

こうしたアイデンティティのあり方を説明する理屈として、社会的構成論（social structure）と媒介論（agency）という二つの論がある**（図8）**。

社会的構成論とは、文字通りアイデンティティを「社会的構成」として解釈するものだ。個人はさながら、役割を演じる役者である。社会的構成に基づいて「外」から与えられた役割を取得し、その役割に準じた法則や基準で振る舞う。学校の教師は学校の教師らしく、医者は医者らしく。そうしないとアイデンティティは失われ、生徒から見て教師ではなくなり、患者から見ると医者ではなくなってしまう。

つまり、社会的構成論におけるアイデンティティは法律や共通生活の常識を介して求められるものであり、そのアイデンティティを保つには規範から脱することができない。先生たるもの、医者たるものとして振る舞う必要があり、言動上の自由も利《き》きづらい。

当然ながら、AさんとBさんは同じ医者であったとしても全く同じような医者ではないはずだ。しかし、そうした多少の違いはあるにせよ、社会の構成員としてのアイデンティティ

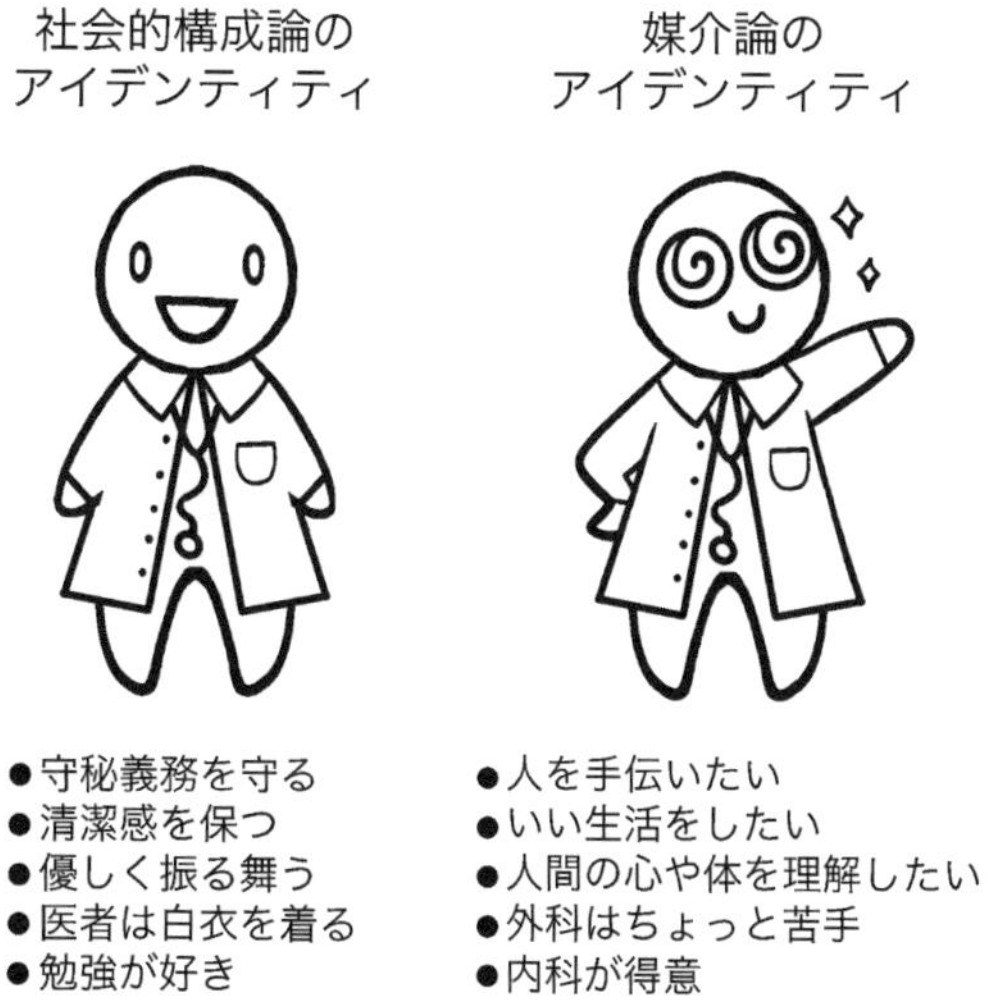

図８　アイデンティティには社会的構成論（左）と媒介論（右）がある。

は根本的に変わらない。すなわち、社会的構成論におけるアイデンティティは個人を示すものでありながら集団が求めるもの、集団の利益のために生まれたものでもある。逆に、社会の求めるアイデンティティの規範から個人が逸脱すれば、集団自体も破綻《はたん》してしまう。集団の存続に関わるからこそ、社会的構成論におけるアイデンティティは可変部分が少ない。

卑近な例だが、「医者は短パンで出勤しない」という規範に反すれば、筆者の医者としてのアイデンティティも疑われてしまうだろう。医者が根本的に短パンをはけないわけではないが、生活の慣習から生まれた、そうすべきではない規範がすでに存在するからだ。

では、もう一つの媒介論とはどのようなものか。こちらは、外から取得する役割をアイデンティティとして身につけるのではなく、自身の選択で個人の役割やアイデンティティをつくりだす行為にあたる。心理学的にも、こうした「媒介」としてのアイデンティティは社会構成を基にしたアイデンティティと比べて自然な表現であり、精神的に健全と考えられている。私たちは外部から拾った役割ではなく、自分で役割を生み出して生きた方が、幸せになれる可能性が高いわけだ。

媒介論のアイデンティティは社会に依存しない。むしろ、自身を自由奔放に表現するために社会と交渉したり、妥協点を探したり、葛藤したりする。社会の存続という目的に支配されることなく、自己の存続に焦点がある。そういった意味で、集団生活に混乱をきたす可能性もなくはない。

メンタルヘルスの研究をする社会学者のＰ・Ａ・ソイッツによると、媒介論のアイデンティティは精神の健康を保つだけでなく、精神健康度の高い人はそもそも媒介としてのアイデンティティを得やすい。一つの人生において複数のアイデンティティを会得することも可能である。これは解離性同一障害のような分離したアイデンティティではなく、同一性を保つ主体における複数のペルソナである。

例えば社会人で二児の父親でもあるＡさんが小説の執筆に興味を持ち始めて、ついには本を出版したとする。Ａさんは既存のアイデンティティの関わりから、新しいアイデンティティを獲得したことになるわけだ。

アイデンティティの研究――個人か社会か

ソイッツ以降の研究者は社会的構成論と媒介論について、それぞれ社会的アイデンティティ（social identity）、個人的アイデンティティ（personal identity）と呼んでいる。

先ほど媒介論の強みを述べたが、人はみな社会構成あるいは媒介としてのアイデンティティの両方を持ち、状況と環境に合わせてある程度切り替えることができる。ただ、アイデンティティの研究者であるペネロペ・オークズによると、個人的なアイデンティティが発動したときに初めて、人間は自分と他者の区別をつけ、集団の目的より自分の目的を追求できる。

また、社会的アイデンティティと個人的アイデンティティは共存関係ではなく、むしろ相互排他的な関係でつながっていると主張する研究者もいる。個人的アイデンティティよりも社会的アイデンティティが過剰になると、離人症（自己に対する現実感覚を喪失する）のような現象が発生し、自分をユニークな存在ではなく、社会全体のただの一員として「レプリカ」のように捉えるという、極端な可能性も示唆されている。ここで用いられている離人症とは、個人的アイデンティティの喪失というよりも、個人の中心部が「自己」から「集団」へとシフトしている姿を指していると思われる。

ニューヨーク市立大学のケイ・ドゥーは初めて、社会的アイデンティティと個人的アイデンティティの「妥協論」を提唱した。社会的アイデンティティは「ルール」や「法則」が関わるときに私たちが取り込むアイデンティティである一方、個人的アイデンティティは「感情」や「パーソナル」が関わるときに取り込むアイデンティティとなる。単純にいえば、仕事の際には社会的アイデンティティを表に出し、プライベートの時間では個人的アイデンティティを表に出す傾向があるということだ。

このようにさまざまな理論が提唱されているが、筆者の考えでは、社会的アイデンティティと個人的アイデンティティは絶対的に相互排他の関係を持つわけではない。ただし、どちらかに偏ると他方のアイデンティティがないがしろにされがちである。個人的アイデンティティを長い間表に出すことができないと、精神的なストレスが高まるのではないだろうか。

個人的アイデンティティは人間の感情や価値観と関わるものだから極めて複雑なものである一方、社会的アイデンティティは社会における役割を表現するため、よりシンプルなものである。ただ、社会的アイデンティティは個人的アイデンティティを「上書き」する力があると考えられる。なぜなら、社会においては個人の思想や情緒といった自己感情よりも、組織の機能性が重視されるからだ。

例えばＡさんは親族に不幸があり、忌《き》引《びき》のため欠席したいとする。悲しみもまだ癒えておらず、うまく仕事をできる自信もない。しかし会社の社長と重要な打ち合わせがあり、欠席できる雰囲気ではない。そのためＡさんは自己感情を表出せず、出勤することにした。これは社会的アイデンティティが個人的アイデンティティを上書きした例である。

当然、こうした精神的な切り替えがないと会社という組織の機能性を保てない。Aさんも有能な社会人という機能を保てない。ただ、この上書きはAさんにとって極めてリスキーな精神状態につながる。

得体の知れない個人的アイデンティティより、カテゴライズしやすく特定のスキルセットを明示しやすい社会的アイデンティティの方が、社会の場においては好まれやすい。言い換えると社会生活、集団生活において個人的アイデンティティはどうしても抑圧されやすい。

自己紹介の例に戻ると、職業や交際ステータスを最初に述べることは日本社会ではほとんど当たり前の光景だが、欧米社会でもそうした社会的アイデンティティから入った方が簡単なときがある。初対面の人と会うときや新しい環境に足を踏み入れるとき、他者にパーソナルな事柄を説明するのは骨が折れるうえに、生産性も低い。時間的な制限もあるし、かえって心労になることもあるだろう。

社会は我々の日常生活の舞台である。だから、ある程度社会的アイデンティティへと負荷がかかってしまうことは否めない。しかし、それがあまりにも偏ってプライベートなスペースへの切り替えが難しくなると、個人の幸福、健康へのリスクとなる。

このような個人的アイデンティティと社会的アイデンティティのバランスは、ワークライフバランスの概念と類似している。多くの研究によると、ワークライフバランスはＱＯＬ（クオリティオブライフ）と大きな関わりを持つ。平均的には、仕事の時間が多ければ多いほど個人的アイデンティティを表現できる時間は減ってゆき、心の痛みを外に出す時間も短縮されてゆく。

もちろん、誰もが仕事とプライベートを社会的アイデンティティと個人的アイデンティティの時間として完全に区切っているわけではない。例えば仕事の同僚に対して自分の個人的アイデンティティに関わる話をすることもあるだろう。それは二人の関係性次第である。

パーソナルスペースに踏み込む「勇気」

私見では、自己記述に「関係性」「状況」を重んじる日本社会は個人的アイデンティティをないがしろにし、社会的アイデンティティを過剰に発生させる環境にある。その傾向ゆえに、パーソナルなコミュニケーションの機会が少なくなってしまう。

この持論の根拠を、違う角度から説明してみたい。

日本社会において「他人に迷惑をかけること」は最悪の行為とみなされている。他者に迷惑をかけるのを必死に避けようとする社会は、社会的アイデンティティに偏りやすいと思う。というのも、他者に迷惑をかけるリスクを考えれば、絶対に自己の感情表現を優先しないからだ。

「迷惑をかけたくない」という日本人の気持ちが最もよく表された日本語は「遠慮」だと思う。他者に助けを求める行為、自分の感情をあらわにする行為は必死に避ける。なぜなら、他者に不愉快と思われるのは最上の罪とされているから。

ここでは迷惑をかけることを、相手の気を悪くする行為と定義したい。この相手とは個人の場合もあれば集団の場合もある。別に「迷惑行為」は日本社会に固有なものではないが、自己の感情を犠牲にしてでも懸命に迷惑行為を避けるほどの「迷惑（忌避）文化」は特殊なものかもしれない。

迷惑をかけるのが良くないということ自体は、常識のある人間なら誰だってわかる。自分本位で欲望におぼれ、礼儀作法を忘れ、道徳をないがしろにすれば、どの社会でも戒《いまし》めを浴びせられることになる。その「罰」をおそれ、人間は常識の範囲を外れた迷惑をかけない。迷惑を避けることは社会学的なメカニズムである以上に、生き物の共存に必要な生物学的な機序である。

とはいえ、どうして日本社会には強力な「迷惑文化」が存在すると主張したいのか。日本社会は迷惑行為によって起こりうる他者への不利益を、過剰に案ずる傾向があるのではないかと思う。たしかに相手のパーソナルな部分に触れることで、相手が不愉快になる可能性はどうしてもある。しかしながら、それはポジティブな刺激をもたらすかもしれない。他者のパーソナルなスペースに足を踏み入れることで初めて、その人を助けることができるだろう。相手のパーソナルなスペースに入ることは「侵略」ではあるが、健康的な行為ともいえる（図９）。

ここでの「侵略」とは、迷惑行為になることをおそれず、知らない相手の自己感情を探る能力もしくは「勇気」のことである。物理的にも感情的にも距離を詰めない限り、有意義なコミュニケーションは生まれにくい。

とはいえ無制限に相手のパーソナルなスペースに入っていいわけでもないし、立場と関係性によっては適切な距離を保つ必要があるかもしれない。相手が望んでいないときには「余計なお世話」になってしまうだろう。だから、相手の同意さえあれば自分は助けになるよ、という姿勢でコミュニケーションに臨むのが良いと筆者は考えている。

困っている他者の「心の縄張り」に足を踏み入れる行為は、相手との信頼関係を築くきっ

図9　コミュニケーションの「侵略」とは知らない相手、他者の事情に興味を示すこと。言い換えると、深い関係のない相手に対してもパーソナルなコミュニケーションをとろうとすることである。

かけになることもあれば、相手を不愉快にしてしまうこともある。どちらの帰結もありうるが、必ずしも「お節介」になるばかりではない。日本社会の「迷惑文化」は相手に嫌われたくないばかりに、後者の結果をおそれすぎてはいないだろうか。

もしこの仮説が本当であれば、遠慮とは相手に対する純然たる思いやりではなく、己を否定される恐怖から成り立っている。迷惑をかけたくない、相手に嫌われたくないからパーソナルな部分には立ち入らない。言い換えると、自分の個人的アイデンティティを、自己感情を否定されたくないから、当たり障りのない社会的アイデンティティで無難な会話を選ぶ。

ちなみに、日本語の「お節介」に該当する英語はない。お節介の概念自体は「meddling」にあたるだろうが、これは直訳すると「過干渉」である。なかなかに興味深い。

迷惑ノイローゼ

筆者が「侵略」という一見ネガティブな言葉で示したいのは、むしろそのポジティブなニュアンスだ。英語でいうと「showing interest」（他者に対して興味を示す）が近いだろう。相手の事情に積極的に関わる行為である。それはあくまで、「相手のため」の意味合いが強い。お節介は相手に関わることで不愉快さを与えるリスクに注目するのに対し、showing interest は相手のためになる可能性に注目する。

showing interest は家族、友達、恋人などの親しい間柄だけではなく、知らない他者にも可能な行為である。欧米社会と日本社会の人間関係における大きな違いの一つだが、欧米社会は知らない他者に対しても「お節介」ができる。困っている人を見れば、それが知らない人でも、余計なお世話と思われることがあったとしても、相手のパーソナルなところを「侵略」しても大したこととは思われない。

例えば道端にカップルがいて、Aさん（女性）がBさん（男性）の攻撃的な態度に、明らかに困っているとしよう。このとき、ヨーロッパだと赤の他人であっても「大丈夫ですか?」といった確認の声かけぐらいはする。むしろ、そうしないとバッシングされるかもしれない。

短絡的な考察は良くないが、とにかくここで言いたいのは、個人のアイデンティティを表現するポジティブなコミュニケーションのためには、ある程度お互いのパーソナルスペースへの「侵略」が必要だということだ。日本ではこの「侵略」行為のすばらしさがあまり注目されていないと筆者は考えている。それはどうしてだろうか?

このような、侵略行為が迷惑やお節介、ひいては自己否定につながるという「恐怖」を

「迷惑ノイローゼ」と命名したい。大げさに聞こえるかもしれないが、日本社会のコミュニケーションに対して問題提起したい一人の学者の、挑発を込めた気持ちが含まれていると思ってほしい。

迷惑ノイローゼとは要するに、大したリスクがないのに、自分のせいで他者に不愉快な思いをさせるのではないかと過剰に心配することだ。これのせいで、他者に共感したい、興味を持ちたい、関わりを持ちたい衝動があっても、言葉や態度に出すことをためらい、結局は関わらないままにしてしまう。対人恐怖症に類似するところがあるかもしれない。対人恐怖症は世界的にも日本の文化依存症候群の一つとして認められ、過剰な不安から他者と関われないことを意味する。

食事会の後、終電を逃した二人の同僚がいる設定で迷惑ノイローゼを例示しよう。先輩のＡさんは後輩のＢさんに対し「もう電車ないよね、どうやって帰る？　私は車だから、よかったら送るよ」と言うが、Ｂさんは「いえいえ、自分は家が近いから歩いて帰ります。大した距離じゃないし、ちょうど散歩したいし、本当に大丈夫です」と返す。

「本当に大丈夫？　遠慮しなくていいからね」

「ありがとうございます。でも本当に大丈夫ですから」

先輩の提案を感謝しつつ断る後輩。ごく普通のやり取りに見える。Aさんの提案は思いやりから生まれ、Bさんの断りは礼儀正しさから生まれているように見える。

Bさんにとって大したことはないのかもしれないが、それでもBさんが車に乗らないのは奇妙なことだ。Bさんは徒歩で帰宅する労力よりも、先輩に迷惑をかけることへの心配をより大きな苦労と捉えているのだから。Aさんの立場も難しい。提案を押しつけすぎるとお節介と受け取られかねないし、相手が異性だった場合は下心の疑惑が浮かんでくる。

このシチュエーションにおいて一番の問題は、両者のやり取りが「自己感情」に基づくものではなく、社会的アイデンティティの押しつけ合いになっていることである。

日本社会的な振る舞いの特徴として、親しい人を「内」とみなして本心、つまり個人的アイデンティティを見せる一方、親しくない人を「外」とみなして、それらを一切見せないところがある。これは極端な二者択一ではないだろうか。このような対人関係のあり方は、同一性を保てない主体を生み出すリスクを抱えている。本音と建前にこうしたスイッチをつけることは、精神を不健全に追い詰めかねない。

心理学において、社会から求められている行為を「社会的期待」（social expectations）というが、社会から求められるふさわしい反応を示さなければならないという葛藤から、社会的アイデンティティしか表出できないAさんとBさんは社会的期待に束縛されているのだ。たかが食後の会話から飛躍していると感じるかもしれないが、こうした日常の連続から私たちは社会的期待の罠にかかり、孤独の闇に落ちてしまうのである。

社会的期待が人々をコントロールする

社会的期待についてもう少し詳しく触れたい。これは個人や組織、社会全体に内面化された社会的規範である。人々がすべきこと、とるべき行動を示す言語化されていないルールともいえる。

社会的期待の概念は、フランスの社会学者ピエール・ブルデューの唱えた「ハビトゥス」の概念に類似する。ハビトゥスとはある社会の一般市民のごく普通な人生の生き方である。「当たり前」とされるマナーやルール、振る舞い、多くの市民に共有されている慣習だ。あるいはユルゲン・ハーバーマスのいう「公共圏」の考え方も「社会的期待」と類似したところがある。公共圏とは社会的合意を形成するための空間であり、物理的に実在しなくてもよい（例えばネット空間もある種の公共圏となっている）。

社会的期待は、いわゆる「同調圧力」を理解する鍵となる。集団の中にいる個人に対してかけられる、「合わせる」ことへのプレッシャー。ここでいう集団とは職場やクラスなどのミクロなグループから、国民全体というマクロなグループまでを指す。同調圧力は同じグループに属する人々の行動や思想を予測、把握するための強力な方法となる。そして「予測」はいつしか「期待」へと変わり、人々の行動をコントロールする。

社会的期待に対して最も過敏なのは若年層だろう。若年層は精神神経の発達が盛んな時期であり、脳が極めて柔軟であるため、周囲を模倣する傾向が強い。若者たちは「ロールモデル」を通じて自分の考え方を形成する。自分だけでは客観的な視点を失い、内面を深めることが難しい。それを補うためにも他者に憧れ、まねをすることで、なりたい自分に近づくことができる。

人が他者をモデルにして模倣を通じて学ぶことは、心理学者アルバート・バンデューラの「観察学習」で明らかにされている（バンデューラについては『アニメ療法』で詳しく取り上げたので気になる方は参照してほしい）。社会的期待に左右され、ロールモデルに感化された10代の若者たちは熱心に己の個性を探る。社会的期待という狭い器と自らの奔放な個性の間に折り合いをつけ、社会から受容される範囲で自己を表現しようとする。

ロールモデルの本来的な意味は「アイドル」である。アイドル（idol）の語源はラテン語で「イメージ」を表す「idolum」であり、原義的にも「偶像」であることがわかる。だから実在しなくても、「イメージ」「空想」がつかめればロールモデルとしての役割を果たせる。社会的期待は感情調整の働きも促す。これは、社会的に許容される範囲の中で自身の感情を調整する作業を示す。

私たちは日々、感情を必要に応じて社会に許容されるよう工夫している。感情表現をマイルドにしたり、適切なタイミングが来るまで先延ばしにしたり、ほぼ無意識的に私たちは自らの感情を「仕込んで」いる。仕事でトラブルになってもクライアントへは文句を言わず、家に帰ってから親しい人に愚痴を吐く。

こうした感情調整ができないと、毎日おそいかかる多種多様な刺激をさばききれず、社会生活を送ることが難しくなる。高レベルの感情調整は高レベルの社会適応性と関連しており、感情を湧き上がるままに外に出してしまうと、小さな怒りも激怒へとエスカレートしかねない。最悪の場合、自分や他者への加害行為へ結びつく。実際、感情調整がうまく機能しない場合、うつ病や摂食障害、薬物乱用へと有意に関連することが研究上でも示唆されている。

とはいえ、ありのままの感情を表出できないときにはどうすればよいのか。心理学的には、不快または制御しにくい感情を抱かせる場面や相手を回避すること、そうした感情に執着しないよう自分の注意をそらすことがよいとされる。後者はいわゆる気晴らしだ。あるいは、後になってから、そのときの感情の意味を再解釈して感情を調整する手段もある（認知変化）。

我慢するか「はみ出し者」の道しかないのか？

日本社会の社会的期待は必要以上のものであり、人間の自己表現の幅を狭めてしまうおそれがある。言い換えると、日本に生きる人々は感情調整を強く行いすぎている可能性がある。だから社会全体は苦しまない半面、個々人が苦しみを抱くリスクを背負っている。

先ほど、「他者に迷惑をかけることは絶対に避けるべき」という日本社会の規範を「迷惑ノイローゼ」と呼んだ。このような規範が社会を支配すれば、誰かに助けを求めたいときでも、無理やり一人で悩みを抱え込んでしまう可能性が高い。感情の表出を永遠に延期してしまうのだ。こうした遠慮文化に参画している人間は知らず知らずのうちに、誰かの表現の可能性を削っている。一人で解決できない悩みがあるとき、他者の存在は貴重なものだ。感情に委ねて相手の助けを求めることは、大げさでなく生存のために必至のことでもある。

「迷惑ノイローゼ」は日本社会の社会的期待の表れではないかと思う。他人に迷惑がかかることをおそれる人は、自己感情を過度に抑制する。私たちの周りにいる、困っていたり悩んだりしている人の多くは、助けを求めることができず、静かな叫びをあげている。助けを求める行為を心理学の用語で「援助要請行動」と呼ぶが、「迷惑ノイローゼ」はこの援助要請行動を阻害する可能性がある。

このような社会的期待、いわゆる社会規範を構築する「協調行動」についても考えたい。協調行動とは他者と協力して、他者と己に利益をきたす行動のことだ。これが遺伝子的な傾向に依存するものか社会生活を通じて学習するものなのか、研究者の意見は分かれている。

例えば進化生物学者のＷ・Ｄ・ハミルトンによると、協調行動は動物の愛他的な行動、つまり生まれつきの行動方式として説明できる。ただ、この仮説には問題がある。遺伝子の継承を行動の背景に置くと、家族や親戚以外に対する愛他的な行動を説明できないからだ。

この問題点を解消した説が、ロバート・トリヴァースらの提唱した互恵的利他主義である。同モデルによると、利他的に振る舞う人は利他的な人として社会において良い評判を得ることができ、社会の側からも利益を受け取ることができる。逆に、利他的に振る舞うことができない人は利己的な人と思われ、孤立する傾向がある。つまり家族であれ赤の他人であれ、他者へ愛他的に振る舞うことには自身への利益が大きいのだ。

ただし、こうした協調行動は利点ばかりをもたらすわけではない。社会規範と同様に、個人の表現力を削る可能性がある。やはり他者を基準に動く限り、自分の内側にある感情をオープンにすることは難しいだろう。

社会的期待を重んじる社会において、協調行動のできない人は利己的な人とみなされ、コミュニティから追放されることもありうる。その生き方を「はみ出し者」として堂々と送るか、あるいは感情を抑圧しておそるおそる生きるか。究極の二択しか存在しない。

社会規範に完全に従って他者からの恩恵をもらうか、自己表現を我慢しない代わりにエゴイストのレッテルを貼られるか。こうした、社会の欲動と自己の欲動の綱引きは、時として病的な行動を引き起こす可能性が十分にある。

精神医学の言葉では「自己防衛規定」というが、社会的アイデンティティと個人的アイデンティティの矛盾が転換、否認、投影、隔離、退行などにつながることがある。例えば「隔離」という自己防衛規定は思考と感情を外に出せないまま、自分の中に閉じ込めて埋没させてしまう現象だ（図10）。また、「反動形成」とは本来表現したい感情を真逆に表現してしまうことだ。要は「助けてほしい」と言いたいのに「助けないでほしい」と言ってしまうので

図 10　感情の「隔離」とは解離と類似した現象で、感情を表出できないときに心に隔たりを設けてとどめる。自己防衛措置の一つとして解釈できる。

ある。

日本社会において社会的アイデンティティが個人的アイデンティティを侵食しがちであることはすでに述べた通りだが、迷惑ノイローゼに起因する建前や遠慮のコミュニケーションがそのメカニズムを形成している。

個人主義的な社会に目立つ「投影」現象

ここまで日本社会の話をしてきたが、異なる文化的環境においては、不安や葛藤に対する人間の反応も変わるだろう。人類学や文化精神医学では、そうした仮説が立てられている。一方、先に述べた「自己防衛規定」に関しては文化による差が少なく、人類の普遍的なメカニズムと捉えられている。筆者は、自己防衛規定の背景にある精神構造自体は全人類に共通だが、その表れ方を決めるのは社会的、文化的な環境であると考える。人間には文化的な（相対的な）側面と生物的な（普遍的な）側面が共存しており、その間で揺らいでいるのが実相だろう。

精神科医のアブラム・カーディナーによれば、自己防衛規定も完全に普遍的なものではなく、特定の文化における自己表現に対する制限から生まれるとされる。この、文化によって個人にかかる抑制は、文化制約（cultural restrains）と呼ばれる。文化による制約が個人の欲動を制限して葛藤を生じさせ、それにより自己防衛が育まれるのだ。

　例を挙げると、グアジロ人（コロンビアとベネズエラに暮らす民族）の社会では「投影」が発生しやすいことが観測されている。投影とは心理学の用語で、自分にある衝動を認めたくないときに、他人にその衝動を押しつけてしまう自己防衛機能のことである。そのようにして、自分の中の不安を外在化するのだ。グアジロの社会は集団意識が比較的弱く、問題が起こった際には自分の責任を追及するより、他者を咎める傾向があるとされる。そのため、自責の気持ちが生じにくい。

　ここから先は筆者の考察に過ぎないが、「投影」現象は個人的アイデンティティの尊重される社会、つまり個人主義の強い社会でより出現しやすいのではないかと思う。安定した自尊心を持ち他者の評価をそこまで気にしない個人主義者には、自責の念が生じにくい。自分は悪くないと捉え、まず他者に責任を押しつける。個人主義の強い社会では、集団生活でトラブルが発生したら、たとえ自分の行動が間違っていたとしてもそれを正当化する思考回路に走る可能性がある。この思考回路は個人の自尊心を守ると同時に、集団の秩序を乱すものでもある。

たしかに、誰かのせいにすることで自分の不安は和らぐし、不満も抑えられるだろう。ただ、人は過剰に「投影」してしまうと、自分自身の誤謬性《ごびゅうせい》（間違えるかもしれないこと）を認めることが難しくなると思われる。もちろん集団主義社会でも「投影」のメカニズムは発生するが、個人主義という環境はより「投影」を促進しやすいといえるだろう。

日本に特徴的な自己防衛規定は「隔離」「反動形成」

一方、集団主義の強い日本社会では「投影」とは異なる自己防衛規定が発生しやすいと考えられる。個人的には、最も多発するのは「隔離」と「反動形成」であると思う。

「投影」は自己肯定感を保つために自己を否定するような不安を他者に投げつけ、他者を否定しようとする動きである。対して感情の「隔離」とは、他者に否定される不安が強いあまり自己を否定しようとする動きである。簡単にいえば「他者の気持ちに合わせる」行為のことだ（**図11**）。

ありのままの気持ちを表に出せば、相手から否定されるかもしれない。そうした「否定さ

図11　感情の「隔離」（上）は負の感情を自分の中に収める。感情の「投影」（下）は負の感情を対象に投げつけて自分を守る。東洋社会では「隔離」が、西洋社会では「投影」がより表れやすいのではないかと筆者は考えている。

れること」への不安が強く、自分自身の気持ちを外の世界から「隔離」し、他者の気持ちに合わせてしまう。少なくとも、合わせているように見せかけてしまう。こうした感情の隔離は、ある意味で自己感情の否定といえるのではないだろうか。日本社会の迷惑ノイローゼは、感情の隔離をきたす大きな要素だと思う。他者に不愉快と思われることへの恐怖が強く、迷惑をかけたくないから遠慮してしまう。

もちろん感情の隔離には有用な面もある。無駄な対立を避けて友好関係を保つことができたり、組織の穏やかな雰囲気をつくることができたりする。これこそ「建前」のコミュニケーションで得られるメリットでもある。

人に助けを求めづらいのはどんな人か

社会心理学者の橋本剛による、日本の遠慮文化に関する興味深い研究がある。橋本によると「人を思いやる気持ち」と「援助要請行動」の間に負の相関が認められたのだ。

この研究には全国から５００名（20歳以上）がオンラインで参加し、「援助要請行動」「貢献感」「互恵性」という三つの概念の関係が調査された。

援助要請行動の低下は「人に助けを求めない／助けを申し出られても断る」ことと定義される。これは「遠慮」の概念と極めて近いものだろう。「貢献感」とは「自分は人の役に立っているという認識」であり、最後の「互恵性」は「人は助け合うべきだ」という思い、また「人の役に立てばそれが返ってくる」という考え方を意味する。

ちなみに人がどの程度の互恵性を持つかは「互恵性規範」といって、個々で違うとされる。例えば互恵性規範の強い人は「人から助けてもらったら必ずお返しをしないといけない」と考える傾向がある。筆者の印象では、日本社会は互恵性規範を育む環境であり、互恵性規範が強い方が望ましいとされている。

調査結果によると、「貢献感の高い人は遠慮しない」傾向が示された。例えば職場の中でよく周りを助ける、手を貸してくれる人は、自身が職場の業績に貢献している認識を持っており、他者の助けを求めることをためらいにくい。普段から他者の役に立っている自覚があるから、自信を持ち、あまり遠慮しない。

また、互恵性規範の強さは貢献感の高さによって差が生まれた。例えば、自分が職場の役に立っていると思えない人は、「何かお返しが必要」と思うことが多い。逆に、自分が職場において役に立っている自覚があれば、「お返しの必要はない」と考える傾向があった。

この調査結果からは、個人の考えだけでなく社会全体の傾向も言及できるのではないかと思う。日本のように互恵性規範の強い社会では全体的に「お返し」の義務感も強くなるということだ。他者に対する義務感が強いから、例えば優秀な人に仕事を手伝ってもらったりするなどアンバランスに思える利益交換の状態になった際、均等に戻そうとする動きが生じる。いわゆる「恩返し」の気持ちに切迫される。

もっとささいなことでいえば、お土産をもらったら必ずお土産を返すといった感覚だ。他者に対して「借り」ができたら返さないと気が済まないのである。他者に利益を与えない限り、自分が利益を求めることをためらってしまう。すなわち「遠慮」してしまう。これを言い換えると、互恵性規範の強い社会では援助要請への支障が出る可能性がある、ということになる。

筆者は社会のあり方に序列をつけたいわけではない。互恵性規範の強い社会が、あるいは弱い社会が悪いとは思わない。ただ、この本で扱っている「心の痛みの伝達」や「ポジティブなコミュニケーション」の観点からすれば、援助要請行動をできないと精神的に望ましくない状態に陥ることは否めない。

偉くなくても価値がある

社会に対する貢献感が強く、上位の社会的アイデンティティを獲得している人間は互恵性規範が弱い。すなわち遠慮しないで他者に助けを求めることができる（援助要請できる）。逆に、社会的アイデンティティの高くない人は援助要請を遠慮しがちである。

貢献度や互恵性規範と援助要請行動の関係について、もう少し考察してみたい。社会的アイデンティティの確立と維持は社会への貢献感（自身がどれだけに社会に貢献しているか）とつながっている。貢献感が高ければ高いほど、立派な社会的アイデンティティを獲得できるだろう。例えば医者や弁護士がわかりやすい。逆にいえば、社会という機能において「生産性」のないアイデンティティは価値がないものとなる。

筆者の考えでは、日本社会は社会的アイデンティティが個人的アイデンティティに深く侵食している。そのため、「偉い人」のアイデンティティを持たないと助けを求めづらい。施《ほどこ》しを返す能力が自分にない場合、助けを求めにくい。このような社会は「脆弱性」が認められていないといえるのではないだろうか。スキルや社会的な機能を度外視して人間の脆弱性を許せる社会になれば、社会的アイデンティティの競争は不要になるだろう。「脆弱性」は本書の主張を伝えるうえでのキーワードになるので、後ほど改めて詳述したい。

個人の生産性いかんを問わず、私たちには価値がある。失敗しても価値がある。偉くなくても価値がある。醜《みにく》くても価値がある。頭が悪くても価値がある。能力がなくても、社会に貢献できなくても、迷惑をかけても、私たちには価値がある。自分の感情を隠さなくても、私たちには価値がある。そう堂々と宣言できる社会は、私たちの「弱さ」を許すだろう。

「頑張る」という日本語の背後にある価値観

「頑張ります」「頑張って」という言葉は、日本の日常生活でかなり頻繁に使われる言葉だ。努力する、くじけず困難に立ち向かおうとするという意味で受け止めるのであれば、個人的にも気に入っている言葉である。

面白いことに、どの国のどの言語でも「頑張る」と似た概念こそあれ、ピタリと一致する言葉はない。少なくとも、私の知る英語とイタリア語には存在しない。例えばイタリア語であれば、試験を受ける友達には「Buona fortuna」（幸運を）と言う。

「頑張って」という言葉には「努力」のニュアンスが含まれている。努力すれば、踏ん張れば、何とかなる。自分の意志を貫き通すようなイメージだ。一方、「Good luck!」「Buona fortuna」という言葉からは、本人の努力や意志の影響を軽くして、運による部分が強調される。運が良ければ物事がうまくいくが、運が悪ければどれだけ努力しても難しいという信念が根深いのかもしれない。

さらにいえば、イタリアにはこういうときの常套句《じょうとうく》がある。「In bocca al lupo」（オオカミの口の中へ）という表現で、先の「Buona fortuna」よりもはるかに頻繁に使う。この言葉を贈られた人が「Crepi!」（くたばれ！）と返すのが定番の流れである。イタリアには幸運を祈ること自体が悪運をもたらすという迷信があり、逆に最悪の可能性を口にしたら厄払《やくばら》い的な意味を持ち、相手を守れると信じられているわけだ。それがこのやり取りである。

もちろん、欧米社会で本人の努力が重んじられていないわけではない。ただ、努力を重ねても自分の意志だけではコントロールできない要素がどうしてもあることが前提になっている。それが、失敗した場合も過剰に本人を咎めない風潮につながっているのではないか。

社会学者の大川清丈は『がんばることとがんばらないことの社会学』という著書の中で、日本人に特有な努力主義を描写している。そこでの議論を整理すると、「頑張ればできる」

という信念は常習的なものであり、その発想自体は無害に聞こえるかもしれないが、「頑張ってうまくいかなくても、もっと頑張れば必ずできる」と期待するところに問題がある。「頑張る」ことに過度に頼るのは危険である。「もっと頑張れば成功できる」という発想につながるからだ。裏を返すと、失敗の原因は自分が十分頑張らなかったから、怠《なま》けたからという考えに行きつき、自責の念を膨らませることになる。成功を導くのは自分の努力だけでなく、運や元々の才能や環境的な要因など、多因子的なものであると認識した方が良い。本人の努力による部分は当然あるが、それが全てではないと知るのが大事だろう。日本社会では、どうしても自己責任が強調される傾向があると感じる。

　こうした議論は先に『タテ社会の人間関係』で取り上げた中根千枝も言及している。中根は日本社会が「能力平等感」に基づいていると指摘した。「能力平等感」というのは出世できる、できない人を選り分ける際に、才能より努力を重視する考え方である。この考え方は、個人の生まれつきの能力は同様で、努力を重ねれば誰だって成功できるという信念から成り立っている。極端にいえば、成功できない者は努力をせず怠けているから、ということになる。

　一方、欧米社会は「能力不平等感」がベースになっている。どれだけ努力しても、生まれつきの才能や環境による違いは重いものだと信じられている。そもそも、能力不平等感を前提にした社会では、人生において成し遂げるものが人によって必然的に違う。

日本にはどうしても本人の努力そのものを美徳と捉える傾向がある。それ自体はある意味では長所でありすばらしい面もあるが、「努力しても成し遂げられないときは諦めてもいい」という側面がセットにならない限り、失敗は全て本人の責任になってしまう。このような、努力自体を美徳と捉える考え方は「努力至上主義」と呼んでもよいだろう。

頑張るとはその字のごとく、何かを張る、ストレッチさせるイメージである。それに近い概念を挙げると「stress」（ストレス）である。

例えば輪ゴムを引っ張り、刺激を与える。このとき、輪ゴムの弾力の限度を超えようとする動きがストレスである。程よい加減のストレスが心身の健康に好影響を与えることは研究でも立証されている。輪ゴムに働く力が輪ゴムの弾力の範囲内であれば、繰り返し伸縮させてもちぎれない。しかし、弾力を超えるストレスを与えて無理やり伸ばそうとすると、元々の限度を超え、輪ゴムはちぎれてしまう。おわかりの通り輪ゴム＝人間、伸ばそうとする力＝頑張る力の比喩になる（**図12**）。

頑張る力は自分の限界を超えようとする、意志を貫き通そうとする、すさまじい力である。

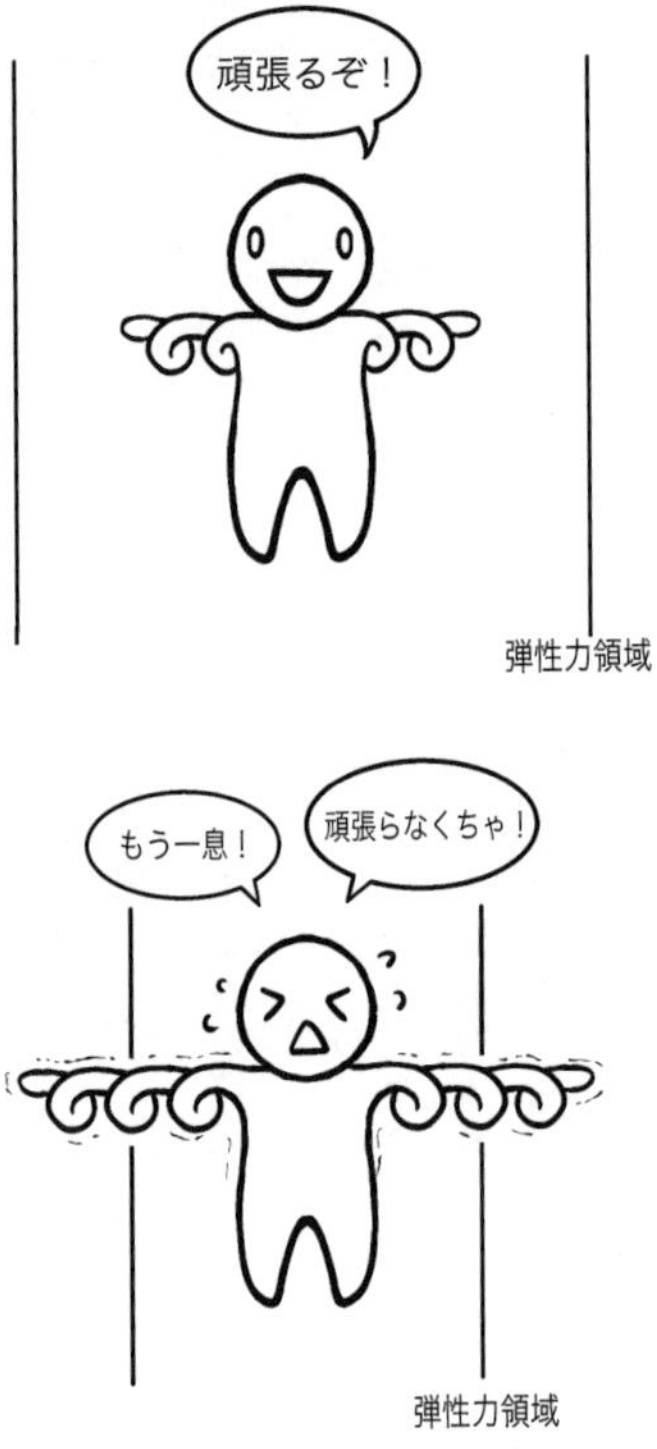

図12　人間にストレス（刺激）がかかるとき、己の弾性力領域（心の器）の範囲内で頑張るのは適切だが、努力が弾性力を超えると心の健康を蝕む可能性がある。

ただ、己の弾力を知らないまま輪ゴムを伸ばそうとすると、ちぎれてしまう。自分という輪ゴムの弾性の領域を知ることは人生の大きな課題となる。能力平等感をベースにした社会は、誰しも同じ伸縮性を備えていることが前提になるから危険なのだ。

とはいえ、才能があれば努力しなくても成功できるという考え方も短絡的だ。生まれつきの能力、育った環境、モチベーション、健康状態、置かれた状況などによる自身の伸び幅を認識したうえで、できる範囲で「頑張る」。そうすれば精神に過剰な負荷をかけずに済む。「ここまではやれるけど、これ以上は頑張れない」と自分に言い聞かせられることは、極めて建設的だと思う。

「辛抱」とは違う「我慢」の悪影響

「頑張る」とも関係する、特徴的な日本語に「我慢」がある。この言葉もまた、能力平等感や努力至上主義を背景とした日本特有の考え方といえるだろう。

我慢に近い英語は「patience」だが、これはどちらかというと「辛抱」のニュアンスに近い。楽しいことを先延ばしにして、しばらく苦悩に耐えるような意味合いだ。一方、我慢とは超自我を優位にして自我の欲求を抑圧し、個人的な欲求を社会のために犠牲にするようなニュアンスがある。

海外においても、我慢は日本で美化されやすいものとして知られている。また、ハリウッド映画では主人公が悪人を倒して愛を見つける物語が典型的であるが、日本の物語は幸せな結末より、主人公の痛みと苦しみに焦点を当てる傾向があることが研究者たちに指摘されている。

我慢は日本の子どもたちに早い段階で教えられる。臨床心理学者の小田切紀子は、我慢と忍耐は日本の教育の一部であり、その尊さは小学校から学習されると指摘する。特に女性に対しては、可能な限り我慢を教育する。小田切は、過剰な我慢はメンタルヘルスに悪影響を及ぼす懸念があり、自分の気持ちに対する否定感を持ちすぎると我慢は心身症に変わるのではないかと述べている。また、怒りが爆発して家庭内または職場での暴力につながる可能性があることも示唆されている。

筆者の解釈でも「辛抱」と「我慢」は違う。前者は一時的に自分の快楽や欲求を抑え、先延ばしにすることだが、後者は集団から排除されないために、無期限に自分の欲求を押し殺すことに近い。適応できていない職場で、理不尽なお客さんにも礼儀正しく対応する。いじめられても、何事もなかったように笑顔を取りつくろう。自分の意見を述べて相手と対立するより、過半数に無理やり賛同する。こうした我慢のエピソードは巷《ちまた》にあふれているだろう。

だからといって、我慢が全て悪いわけでもない。犯罪学を専門とする小宮信夫は、我慢は社会と個人に対して利益があると述べる。己の欲望を抑える日本の国民は自制心が強く、国民間の相互監視とあわせて日本の犯罪率が世界有数に低いことの一因であると考えられる。

若者の自殺はなぜ多いのか

こうした利点があることは頭に入れつつも、本書では集団の利益より個人の心身の健康にフォーカスしたい。

「我慢」が個人に与える負の影響を深掘りしよう。筆者の考えでは、子どもたちにとって「我慢」と「いじめ」には深い関係があるのではないかと思う。

日本は先進国の中でも児童・生徒の自殺率が高く、重要な社会問題となっている。文部科学省の調査によると２０１７年には小学校、中学校、高校を合わせて２５０件の児童・生徒の自殺事件が起こり、過去30年で最多になった。ほとんどの児童・生徒は自殺の理由が不明のままだが、自殺前の心配事が明らかになっているケースにおいては「進路問題」「家庭内不和」「いじめの問題」が最多だった。また、9月1日という夏休み明けの自殺者数が最も多かったことも示唆的である。

子どもの自殺が増えたこともあり、日本の若者の死因は自殺が最も多い。世界的にも極めて奇妙な現象と言ってよいだろう。経済的な困難が他国と比較して少なく、一人っ子や二人っ子の豊かな家庭が多く、子どもの精神的なニーズが満たされる環境が揃っているはずだ。子どもにとって根本的に何かが欠けていると思わざるをえない。因果関係は証明されていないが、日本の専門家曰《いわ》く、子どものコミュニケーションネットワークは弱まっている。気軽に相談できる相手が少ないのだ。親や教師、同年代の仲間は数多く存在するのに、相談できる相手がいないのだろうか？

一つの可能性として、相談できる相手がいても相談しづらい環境があることは考えられないだろうか。相談しづらい、つまりコミュニケーションがうまくいかないことに原因があるかもしれない。いわば、「心の痛みの伝達プロセス」に支障が生じている可能性がある。

これまで話してきた努力至上主義や我慢文化は「個人の限界を無理やり超えようとする」点で共通している。集団の目的達成のために個人の生をないがしろにすると言ってもいい。

個人の欲求を追求するだけであれば、自分の精神的、身体的限界を超えない範囲に活動を調節するだろう。輪ゴムのたとえを再び持ち出すと、自分の弾性力領域を知ったうえで頑張れば、壊れないはずである。

しかしこのとき邪魔をするのが、集団のための目的という考えである。他者のために頑張る。もっといえば、他者に否定されたくないから頑張る。そうして、自分の限界を気づかえないまま壊れてしまう。

子どもの場合、社会からの干渉は大人より極めて危ないものになる。なぜなら子どもは大人より感情の調節が未熟であるからだ。大人からのプレッシャー、同年代のいじめなどで追い詰められ、自殺のような極端な行為に走ってしまうことも決して理解不能ではない。だから、大人は子どもに対して、社会が敷《し》いたレールの上を歩くための動力を与える以上に、感情調整の手本を見せながら、子ども自身の限界に対する自覚を形成させることに励《はげ》むのが良いのではないかと思う。そのうえで子どもの欲求、不満、本音を受け入れ、相談相手になるのが望ましい。

筆者の考えをまとめよう。発達過程にある子どもは感情の調節が未熟で、大人よりもストレスに敏感である。そのため、社会的な地位を得ることの重要性を教える以上に、個人のアイデンティティの尊さ、彼らのユニークなところを教えた方がよい。また、自己の精神的な限界に自覚を持つよう育てることが理想的だと思う。

日本社会における社会的アイデンティティの押しつけは、人生の早い段階から始まる。男女のジェンダー規範、進学校への受験競争、結婚へのプレッシャー……。人生の「締め切り」は多い。その過程でパーソナルなコミュニケーションが不足したり、社会的アイデンティティが過剰に発動して本心をさらせなくなったりもするだろう。だからこそ、個人のアイデンティティが自由であること、そして弱さ（脆弱性）が貴重なものであることを教えておく必要があるのだ。

同じ行為でも社会によって動機は異なる

日本社会とアメリカ社会の比較研究に携わった社会心理学者たちは、自己評価が文化によってかなり影響されるものだと解き明かし、特に日本文化における「外部の基準系」を指摘した。

「外部の基準系」とは小難しく聞こえるが、説明すればシンプルだ。北米の人々の行動と比較して、日本社会では行動へのモチベーションが個人の内的な属性（態度、個人的な欲求、動機など）よりも社会環境（他人の期待、指摘など）を手がかりに形成されやすいことを示している。

西洋社会では、最終的に行動を決定する際に内部の基準系が強い力を持つことが多い。自分の考えに対して素直でいられることが美化され、高く評価されるところがある。もちろん「自分に素直」になって犯罪を起こすのが許されるわけではないが、社会規範に反しないことであれば、内部の基準系に導かれた行動は正当化されやすい。

逆に東アジアの一般的な社会（この議論では日本社会にフォーカスする）では、行動を最終的に決めるものとして外部の基準系がより大きな役割を果たすだろう。「自分本位」ではなく、周囲から承認された言動をとることが高く評価される（図13）。

「道徳」についても同様のことがいえる。人は、自身を正義の味方と感じて不正に対し口を挟むこと（内部の道徳）もあれば、ルール違反による処罰をおそれて不正行為を起こさないこと（外部の道徳）もあるだろう。

例を挙げよう。西洋社会で暮らす貧乏なAさんが、食べ物を盗むチャンスがあったのに盗まなかったとする。このとき、Aさんは「自分の内なる道徳を裏切らなかった」。一方、日

図 13　自分の内部にある考えや信念、感情で言動が引き起こされる場合を「内部の基準系」（上）、社会的期待などによって起こされる場合を「外部の基準系」（下）という。

本社会で暮らすＢさんが同じ状況で食べ物を盗まなかったとき、Ｂさんは「ルールを守って『良い市民』として振る舞った」。窃盗が悪事・犯罪とされることはほとんどの社会で共通しているし、二人がとった行動も同じだ。しかし、その行動の基準は社会によってやや異なる。

文化的使命は諸刃の剣

自己評価（自尊心の高さ）は自己効力感や幸福度と関連があることも、心理学の領域で示唆されている。ここでは幸福感について言及したい。

人々が幸福を感じる方法は社会文化的背景によって変わることが、さまざまな研究で指摘されている。ここで指摘されている論点は、個人の幸福に至るためには、自身が属する文化の慣習にある程度合わせる必要があるということだ。そうしない限り、その社会に所属している感覚が湧きづらく、幸福状態を保ちにくいからだ。言い換えると、ある程度は社会のルールや期待に従わない限り、やりたいことをやっても「はみ出し者」として扱われ、幸福感を覚えにくい状態になる。いわゆる「ウェルビーイング」（心身、社会的に良好な状態）とはほど遠い状況だ。

この考え方は「文化的使命」（cultural mandate）と呼ばれている。例えば「人を思いやる」ことが慣習となっている社会で生きるAさんは、ある程度他人を思いやることができないと、周囲から常識がない人だと思われてしまう。そうなると、Aさんも周囲に対して違和感を覚え、結局はAさん自身の幸福度が下がる。この場合「思いやり」がAさんの「文化的使命」となる。文化的使命とは要するに、「自身が属する文化の慣習に則《のっと》ることで幸せでいられる」という考え方だ。例えばアメリカでは自己コントロール（personal control）が主な文化的使命となるし、アジア圏では他者間の調和が主な文化的使命になるだろう。

社会心理学者の北山忍はアメリカ人と日本人の「個人管理」「関係の調和」「関係の困難」を測定し、両者の日常生活において感じる不満が文化的な慣習と関係しているかを解析した。すると測定前の仮説の通り、日本人よりアメリカ人の方が、自己管理をできなくなるときに不満を感じやすい傾向が示唆された。逆に日本人は、関係の調和が乱されるとき、特に他者との関係性で困難に陥ったときに不満を感じる傾向が観測された。

ただし、他の研究者の間では自己管理が普遍的な幸福度の指標であると主張されていたり、あるいは良好な社会関係の構築は文化に関係なく健康に利することが立証されていたりする。

筆者の考えだと、精神的な健康（幸福の要素ともいえる）において、文化を超越する普遍的な「人間そのものの基準」が存在する。そのうえに、文化依存的な要素が乗っかっているのではないか。日本において関係の調和は主な文化的使命であるが、それさえ果たせていれば幸せが満たされるわけではないだろう。

文化的使命は無視すべきでないし、社会に生きる私たちが無視できるものではない。それを果たすことは、社会的動物である人間がコミュニティにおいて承認欲求を満たす手段ともなる。

ただし、それが人間の全てではない。文化的使命に準じなければ不満を感じ幸福度が下がると述べたが、真の原因は、それにより周囲と適応できなくなることにあるだろう。逆にいえば、文化的使命をキッチリ果たせなくても、自分なりの基準に従った「自己感」（自分がどういう人間かという認識）が得られていれば、幸福度は下がりにくいと思う。

文化的使命を果たすことは幸福につながりやすいのかもしれないが、それは筆者から見ると「諸刃《もろは》の剣《つるぎ》」である。なぜなら、常に社会的期待を意識することを意味し、それを裏切ると罪悪感に近い感情を覚える状態だからだ。関係の調和にこだわればコミュニケーションの支障につながるかもしれないし、個人管理にこだわればエゴの肥大化をもたらすかもしれない。あるいは日常生活に支障が出ることこそないかもしれないが、自身の創造性や表現力は失われ、自分が持っていたはずの幸せのイメージは、自分が生きる社会や文化の幸せのイメージに飲み込まれていく。他者の欲望しか追求できず、川のように社会に流され続ける。みなさんもそういう人を見たことがあるだろう。

では、どうすればよいのだろうか。幸福を構築するには「文化的使命」だけでなく「自己実現的使命」を取り入れる必要がある。「自己実現的使命」とは自分なりのイメージに基づいて、自分なりに幸せを成し遂げようとする行為である。私たち人間は集団や組織の中でしか生きられないからこそ、文化的使命をある程度取り入れる必要がある。そのうえで、それを自己実現的使命と共存させるのだ。

幸福とは「開放系」ではなく「閉鎖系」である

社会に生きる私たちに幸福をもたらす仕組みはどのようなものか。熱やエネルギーの働きを扱う熱力学のイメージで筆者の考えを説明したい。

熱力学にはエネルギーや物質を取り入れ、送り出すシステムが大きく分けて三つある。

一つ目は「孤立系」だ。このシステムでは、物質も熱も外に通さない。システムは外界から隔《へだ》てられており、エネルギーも物質も原則として外に移動できない。文字通り孤立した仕組みだ。二つ目の「閉鎖系」は外部とエネルギーの交換ができるものの、物質は移動できない。三つ目の「開放系」はエネルギーと物質の両方が外部と交換可能である。

人間をこうした熱力学のシステムにたとえると、「閉鎖系」にあたると考えられる。一人ひとりは自分という存在そのもの（物質）を他者と交換することができない。ただ、コミュニケーションを通じて周囲と感情（エネルギー）を交換できる。例えばAさんとBさんは対話を通じて言葉や思想や体験を共有できる。しかし、アイデンティティそのものは交換できないだろう。人間というシステムは他者を知ろうとすることができるが、他者になりきることはできない。逆にいえば、人はアイデンティティを交換できないからこそ、コミュニケーションによって他者を知ろうとするのだろう。

ポジティブなコミュニケーションが成立するためには、まさにこうしたエネルギーの正しい流れが必要となる。しかし、人間を「閉鎖系」ではなく「孤立系」または「開放系」として解釈してしまうと問題が起きる。

もし人間が「孤立系」であれば、物質（アイデンティティ）はもちろんのことエネルギー（感情、言葉）も交換できないのだから、人間「関係」自体が存在しえない。一人の存在しか許されない、ＳＦ的な世界になるだろう。もし複数の人間がいたとしても、互いを必要としない世界であり、それがどのようなものか私たちには想像もつかない。自身の中で全てが完結し、他者は不要。ある意味で完璧な存在だ。

そして、こちらがより重要だが、「開放系」の捉え方にも問題がある。筆者の考えでは、日本社会は人間を「開放系」として思い描いている節《ふし》があると思うからだ。「開放系」の場合は、エネルギーだけでなく物質の交換作業も行わなければならない。人間というシステムにおける物質の交換とは、アイデンティティの交換となる。開放系の人間関係は感情的体験に加えて、自分のアイデンティティを共有しようとする。私の考えでは、日本社会は開放系のように己のアイデンティティを他者と交換することで、ある種の「共同主体性」をつくりだしている（図14）。

アイデンティティの交換とは、具体的に何を示すのか。原則として人間のアイデンティティは分離不可能なものであり、分離状態にあればそれは病的だといえる。しかし「開放系」における人間のアイデンティティは一人の人間の中に完結するものではなく、そのシステムに参加する一人ひとりの人間からできあがる「共同主体性」となる。このシステムの中で自分のアイデンティティを保つには、常に他者の確認、承認が必須となる。「アイデンティテ

図14　人間の幸せは閉鎖系（上）にあり、開放系（下）ではない。閉鎖系は他者と感情や信念の交換を行うものの、アイデンティティの交換はできない。他方、開放系においては感情や信念だけでなくアイデンティティそのものも交換可能だと捉えられて、他者の影響を過剰に受けることになる。

ィの共同依存」とでもいえる状態だ。

例を挙げてみよう。陸上部のAさんがいる。Aさんは陸上選手であるが、選手というアイデンティティは部活に所属していることと、他の仲間たちとの関係性に依存しているところが大きい。部活という場がなければ、Aさんは陸上の道を選ばなかった。Aさんの選手としてのアイデンティティは周りの人間や概念に依存しており、Aさんの中で完結はしていない。

一方、部活とは関係なく陸上選手として活動するBさんがいる。Bさんは陸上に興味を持ち、部活に入らなくても一人でスポーツのクラブの会員となり、陸上の道を歩む。このとき、Bさんの選手というアイデンティティは他者に依存しないものである。

もちろんこれは一つの例に過ぎないし、一般化もできない。ここで日本の部活の特殊性に言及する余裕もない。ただ、アイデンティティを共同体に依存するパターンがあると言いたいのだ。

私たちの幸せはもちろん、私たちだけによるものではない。自分を囲む大切な人の健康や幸せが強く影響を与える。だが「開放系」の世界観で生きる人間は、自己実現の次元にまで他者のアイデンティティを含めてしまう。依存する／させる関係になってしまうのだ。共同主体性の幸福が個人の幸福ともなる。個人の幸福は一人で成し遂げるものではなく、他者との組織に左右されるものになる。

仕事とプライベートは「まぜるな危険」？

仕事とプライベートの両立の難しさは、日本に限らずどの社会でも大きな問題となっている。ただ、ヨーロッパの国々の多くは、仕事をしないオフの時間が日本よりも長い。これは各種の調査などを通じて簡単に確かめられる事実で、平均勤務時間をカウントするだけでもその差は一目瞭然《いちもくりょうぜん》である。

家族より仕事を優先してしまう現代日本のライフスタイルはよく知られている。特に妊娠している女性や、小さな子どもを持つ人に対して不寛容なところが多い。イタリアから来た人間として日本社会の働き方に関して大きく違和感を抱いたのが、仕事とプライベートの間の「スイッチ」である。

日本のサービス業の質は世界一とみなされている。日本人みなが接客術のマスターと思われているほど、優れている分野といえる。いわゆる「お客さまは神さま」というもてなしだ。

日本の優しく整然とした接客は、「業務」に必要な「建前」である。店員は仕事でしかできない、ありえないくらいの優しさで客に接する。

これもあくまで全体の傾向だが、経験上、日本の接客は（一部の高級店などを除いて）「お客さま」として接するスタイルがほとんどなのに対して、イタリアでは「友達」のように接することがある。お客さまを神さまとするのではなく、一人の個人として大切に扱おうとする接し方である。

業務におけるプロフェッショナリズムはヨーロッパにも存在する。ただ、「業務上」以外の顔を仕事のときに見せるか否かが大きく違う。もちろん日本でそういう姿を見ないわけではないが、一般的にそれはプロフェッショナルな振る舞いではなく、やや問題のある行動として認識されることが多いだろう。「仕事だからプライベートとまぜるべきではない」というスタンスが原則だ。おそらく日本で友達のように接してくる店員がいたら、多くの人は「チャラい」とか「無礼だ」とか思ってしまう。

何が言いたいかというと、日本人の働き方には社会的アイデンティティと個人的アイデンティティの間に、不自然なまでに極端な「スイッチ」があるということだ。勤務時には社会的アイデンティティ以外を表すことが許されておらず、自己表現は意識的に抑制される。疑似的な解離性同一性障害の状況に自分たちを追い込んでいる、とすらいえる。

例えばヨーロッパのレストランで働く店員Aさんが、客のBさんを接客するとしよう。Bさんはテーブルの上に好きなアニメのグッズを置いた。実はAさんもそのアニメが好き。これをきっかけに、注文を取るとき以外にAさんがBさんに話しかけることがある。Aさんはあくまで勤務をこなしながらだが、気が合いそうなBさんに時々話を挟むことがある。そして最終的にはお互いもっと話したいと感じ、連絡先を交換することもある。

どう考えても、AさんとBさんは互いの同意の下で会話をしている。ならば問題はないはずだ。だが、こうしたケースは日本だとご法度《はっと》にあたることが多いだろう。もしかすると「ハラスメント」に近い行為と勘違いされるかもしれない。なぜなら、そこには社会的アイデンティティと個人的アイデンティティをまぜてはいけないという暗黙のルールが存在するからだ。

日本はバーチャルな共産主義？

本来、社会的／個人的なアイデンティティは相互排他的なものではない。ではどうして、日本の職場の日常ではこれらが排他的であるように扱い、不自然なまでにスイッチで操作しなければいけないのだろうか。

前に書いたように、筆者の考えでは日本社会の人間観は「開放系」である。コミュニケーションを通じて感情を共有するにとどまらず、アイデンティティをも共有するシステムとなっている。すると、そこには集団を形成する人々（クラスター）のアイデンティティが形成される。このクラスターは欲求も共有する。すると容易に、クラスターの欲求を追求することこそが個人の幸せにつながるという回路にハマってしまうのだ。

日本に関する本をいろいろ読んで参照してきた中で、心に刺さる表現があった。「組織に酔う日本人」という言葉である。個人と組織というせめぎあいがなくなり、社会的アイデンティティの一本槍となり、組織に酔う日本人ができあがる。これこそクラスターアイデンティティを象徴する言葉だと感じる。

しばしば言われることだが、欧米の会社人にとって、職場は自分のためにお金を稼ぐ場所、自己の目的を実現させる場所である。職務が自己のアイデンティティを定めることがあっても、自分の仕事を通じて組織の欲求やアイデンティティに寄与するという意識は薄い。会社の成功と自分の幸せは別物だ。むしろ、自分の幸せのために会社の成功を利用する。会社の成功を自身の幸福と同一視することはまずない。

世界中どこでも、仕事は自分という存在をある程度規定するものであるだろう。ただ日本の場合、会社というメタ的な存在の影響力が強すぎるかもしれない。幸せも会社のみんなで「共同所有」するものなのだ。

こうした議論をすると、おそらくファシズム（全体主義）や共産主義といった政治体制を思い起こす方も多いだろう。共産主義社会は私有財産を否定し、完全平等を目指す社会である。そのプロセスは意識的、明示的な思想の下で進む。私有や個人の尊さは理解されず、むしろ軽蔑される。だが、日本社会はどう考えてもそれとは違う。

筆者の考えでは、日本は個人主義を否定しているわけではない。個人の尊さを前提にしながら、幸せなど非物質的なものの共有を徹底する「バーチャルな共産主義」といったところだろうか。また、日本の共有に対する姿勢はあくまで他者に対する「思いやり」と「不安」から発生している点も興味深い。

クラスターアイデンティティにうんざりする若者たち

そもそも、クラスターアイデンティティを追求している人たちは、個人のアイデンティテイに支障が生じているという感覚自体がないのではないか。むしろ、個人の幸せをシンプルなものにしてくれているという感覚があるのかもしれない。

日本ではかつて、国や藩、社会に対して奉仕する精神が「滅《めっ》私《し》奉《ぼう》公《こう》」と言われ賛美された。世間のために私を滅し、公《おおやけ》に奉ずる自己犠牲の精神。戦いに明け暮れた前近代の社会では個人の欲求を追求することなど、悪である以前に想像もつかないことだっただろう。

江戸時代の士族社会においても、侍は主人のために全てを尽くす自己犠牲が望ましく、誇り高い生き方とみなされていた。こうした規範意識は日本が近代化した後も残り続け、欧米社会的な構造を取り入れつつも個人主義と集団主義のハイブリッド社会が生み出された。

さすがに、いまの日本社会の中で滅私奉公が意識的かつ積極的に信仰されているとは言いがたい。昔の「ほとぼり」の残《ざん》滓《し》とでも言うべきだろう。個人主義と消費主義とがまじりあった中で、集団の幸せと個人の幸せの新たな意味を模索している。それが筆者から見える日本社会の姿だ。

さまざまな企業の上層部にはまだ、時代錯誤の滅私奉公を信仰し、若者にそれを伝えようとしている人もいるだろう。そして、若者たちの多くがその信条を古めかしいと思っているが、積極的に争うことは難しく、無関心となり、社会に興味を失う。

結局のところ、日本に生きる若者たちは選択肢が少ない。クラスターが求める幸せと同一化して個人の幸せを犠牲にするか、社会に居場所を失ってでも個人の欲求を優先するか。あるいは「組織に酔う」社会にうんざりして、社会に参加したくなくなるか。

「めんどくさい」はアパシーの宣言である

日本の若者（に限らず大人もだが）は「やばい」「うざい」「キモい」といった、わずらわしさを表す言葉をよく口にする。

実は、こうしたネガティブな気持ちを表出することは決して悪いことではない。むしろ、うまくいくコミュニケーションにはたいてい負の感情の表出が含まれている。

欧米の社交の場面では、日本以上に日常会話で負の感情を表出しがちである。相手との親密度を問わず、億劫《おっくう》さを表すような言葉を使い、愚痴を交え、ため息をつきながらの会話が多い。面倒な気分を気軽な言葉で共有し、疲れを笑い飛ばすことでまた元気になろうというスタンスがそこにはある。

すなわち、ここで負の感情を表出する目的はストレスの発散である。不満の種は消えなくても、誰かと共有することで気持ちが楽になるし、共感したり許し合ったりできる。人間がいつでもポジティブでいることは不可能で、ときには不満や嫉妬《しっと》を感じることもあるだろう。まずはそういう負の感情を受け入れることが大事だし、それを口にするのも悪いことではない。責任逃れでもなければ軽率でもない。相手を不愉快にさせるおそれがあっても、それ以上の心理的なメリットが大きい。

　ネガティブな言葉はこのように重要な役割を持つ。ただ、筆者はどうしても、日本社会に飛び交う「めんどくさい」という言葉については肯定的に捉えられない。なぜなら、この言葉はそもそも負の感情を表す役割を担えていないと思うからだ。

「めんどくさい」という言葉は、集団責任による「形式上の負の感情」だといえる。私たちが人や場所や作業などに対して「めんどくさい」と発声するとき、相手と関わりたくない気持ちを表している。それはつまり負の感情の「発散」ではなく、負の感情を「回避」することの宣言である。

　とりわけ日本の若年層の間に、人間関係に関わること全てを「めんどくさい」と感じてしまう傾向がある気がしている。人間関係がわずらわしく、他者と感情的に関わることそのものを億劫に感じているように見受けられるのだ。たしかに、他者の感情と向き合うことなんて「めんどくさい」ことそのものだ。しかし、何もかもめんどくさくなればコミュニケーションは途絶《とだ》えてしまう。

イタリアでは多分、愚痴をこぼすことが日本より許容されていると思う。愚痴をこぼすことで、感情的なコミュニケーションが促《うなが》される。例えば職場では同僚だけでなく、場合によっては上司に対しても愚痴を言う場面がある。皮肉を交えてお互いの文句を言う／聞くことも多い。その後は何もなかったように引きずらないで仕事に戻ることが普通である。負の感情は決して「暗黙の了解」で済ませることなく、きちんと口にすることが私たちの精神の健康のために大事だと思われる。

このとき、真剣に受け取りすぎないためにも皮肉を交えることが肝《きも》である。それにより、悪口を言っても、愚痴をこぼしても、罪悪感を抱かず、あくまで相互理解に至るまでの言い合い、許し合いだと納得できる。

しかし日本では、たとえそれが真剣なものではなくても、公の場で負の感情を表出したら「負け」となる。これは、負の感情を表すことの尊さが理解されていないことに加えて、皮肉があまり通じないことも一因かもしれない。皮肉には負の感情の重さを和らげる作用があるし、親密な関係ではない人にも負の感情を表すことができる手段だ。皮肉を活用できないと、限られた人以外に愚痴をこぼすことができなくなり、ストレスのはけ口がなくなってしまう。

日本社会で負の感情を表しにくいことは、アパシー（無関心）とも関係していると思う。アパシーは正確にいえば「感情鈍麻《どんま》」といったところで、普通なら感情が動かされるような刺激に対しても何の反応も示さなくなることを指す。負の感情の刺激を億劫に思い、避け続けているからこそ、感情的な関わりそのものをうっとうしく感じてアパシーに陥るのではないだろうか。

負の感情こそが人間関係の役に立つ

ジョン・ポール・スティーブンスとアブラハム・カルメリはチームにおける知識創造能力とパフォーマンスに対して、負の感情がポジティブな効果を及ぼすという共同論文を２０１６年に発表した。彼らの研究結果を見ると、負の感情表現に成功できたチームは、そうでないチームと比較して高い知識創造能力と効率性を示している。他にも、負の感情表現が許されるグループの方が苦労を分かち合い、全体的に機能性の高いチームになることがわかっている。

なぜ、負の感情表現がコミュニケーションにおいてポジティブな効果を持つのか。

先ほど触れたように、そもそも日本には負の感情を出すことは「負け」に等しいという社会規範があると思う。組織の雰囲気や調和を破壊することだという先入観も強く、そういう思い込みゆえに負の感情表現はタブーに近いものになっているだろう。

怒りや攻撃心など、まぎれもなく他者にぶつけてはいけない感情はある。ただ研究でも示唆されているが、怒りのような強度の高い感情と悲しみのような強度の低い感情の間には違いがある。前者のような感情は敵対的な態度を引き起こすが、後者のような負の感情には他者の共感を促し、親密度を上げる効果がある。また、疑問や疑心のような負の感情表現も協調性を高め、批判を緩和する効果があるとされる。負の感情表現はある意味ではその人の誠実さを表すことでもあり、温かく友好的な雰囲気に影響を及ぼすと言われている。そのため、自分の負の感情をシェアできる安全なスペースをつくることには大きな意味がある。

なお、負の感情を表す際には注意点がある。言語と非言語のコミュニケーションを一致させることだ。なぜなら、人間は言語と非言語のコミュニケーションの不一致を察知すると違和感を抱くからだ。その違和感によって他者とわかり合うことが難しくなるだろう。

例えば、非言語的なコミュニケーション（態度など）で負の感情を示しても、それを言葉にしなければ、相手からすれば「言いたいことがあるなら言ってほしい」と不信を抱かれるはずだ。言語と非言語のコミュニケーションを一致させると、関係性の質が上がることは研究上でも示唆されている。

典型的な反論がある。こういった負の感情表現は人間関係に乱れをもたらす、というものだ。だが実際はその逆で、負の感情を表現しないことこそが害をもたらす。

リーダーシップについて研究するサリー・メイトリスとハカン・オジェリクによると、負の感情を有害なものとして捉えている場合はよくある反論の通りになるが、それが正当なものとして扱われている場合には、他者との関係形成に役立つ。負の感情を当たり前のものとして扱い、共有することでコミュニケーションが円滑になるということだ。互いを理解し、許し合うためにも負の感情を出し合える環境は不可欠である。

繰り返すが、日本人がよく口にする「めんどくさい」という言葉は、ここで述べてきた負の感情の表出とは異なる。そもそも「関わりたくない」という意図を表しているからだ。負の感情の表出すらを拒否する宣言に等しい。つまり、それはアパシーに違いないと筆者は考える。

脆弱性を認められない私たち

負の感情を出すことはたしかに個人の心の乱れや欠落の象徴ともいえる。否定できない事実として、強い怒りや悲しみにとらわれている人は、精神的なストレスが脳の海馬《かいば》（記憶に関わる器官）の神経細胞を萎縮《いしゅく》させ、集中能力や運動能力に支障をきたすことが示唆されている。

ただ、先にも述べた通り負の感情を表すことはメリットの方がはるかに大きい。集団に悪影響を及ぼすという論点も、そういう先入観に毒されている場合に過ぎないことがわかっている。それではなぜ日本社会は、最も醜く最も人間らしい負の感情をあらわにすることを許せないのか。

これには、人間の「脆弱性」の捉え方が深く関わっていると思う。

脆弱性とはもともと、ネガティブなニュアンスで使われることが多い言葉だ。例えば古代ギリシア神話におけるアキレスの逸話が有名だろう。不死身に近い身体であったアキレスは、唯一の弱点であるかかとを矢で刺されて死んだ。現在アキレス腱と呼ばれる部位こそ、まさに彼の「脆弱性」だったのだ。

だが、そういうアキレスの姿は人間らしさを表しているともいえる。アキレスは完璧な神の親と違い、半神半人であった。『イリアス』という物語の中でも、アキレスが人間のように振る舞い、親に理解されず苦しむといった「人間くさい」エピソードが描かれている。ある意味、アキレスにはアキレス腱という脆弱性があったからこそ、人間の喜怒哀楽を感じることができた。きっと神にも味わうことのできない生涯だっただろう。

現代社会において脆弱性とはイコール欠点、弱点、なくすべきものとして扱われる傾向が強い。だが、私は一人の精神科医として、脆弱性は人間にとってむしろ望ましいものだと思っている。なぜなら、脆弱性こそ経験への開放性（新しい経験に対する抵抗感のなさ）につながり、寛容な心を育てるからだ。

そもそも、私たちは誰もがアキレス以上に脆弱な存在だ。みな脆弱性を大なり小なり備えており、そこから簡単に逃れられない。我々に残されているのは、自身の脆弱性を受け入れるか受け入れないかの二択である。しかし、脆弱性を醜さや弱さとして扱ういまの世の中では、自分の脆弱性を隠す努力をして、そもそも脆弱性が備わっていないように振る舞う人が多い。個人主義の要素が強い社会でも、その人の固有性が褒《ほ》め称《たた》えられる文化背景はあっても、脆弱性に対する先入観はなくなっていない。

脆弱性を敬遠する社会では、私たちは手に届かない「完璧」という幻を追い求めることになる。難しい基準を生み出し、それに適応できない者を排除する。無理に完璧を装《よそお》い、自分の脆弱性には見て見ぬふりをする。

脆弱性を有害なもののように扱い、その役割を理解できない限り、人間個人の固有性の尊さも理解できないのではないだろうか。きれいごとだと思う人がいるかもしれないが、一科学者として断固、そうではないと主張したい。人はその弱点をもって受け止められるからこそ、ユニークな存在として生きられるのだ。

そう考えたときに、日本社会が脆弱性の尊さを認めている社会なのか、どうしても疑問が湧いてしまう。

学術的な比較ではないが、日本とイタリアにおける若年層のコミュニケーションの違いから、その理由を説明したい。舞台はとある高校の教室だ。なお、この会話例は筆者が見聞きしたいろいろなケースから特徴的な部分を抜き出したものである。

【日本の場合】

学生Ａ「ねえねえ、翔太くんと佐野ちゃんは付き合うべきだと思わない？　翔太くん運動神経いいし、勉強もできるし、顔もいいし。男子からも憧れられてるし、お父さんは医者らしいよ。佐野ちゃんはまず可愛い！　頭もいいし、みんなに優しいし、完璧すぎない？」
学生Ｂ「しかもその二人が付き合ったら、子どもの顔やばくない!?　絶対モデル顔じゃん」
学生Ａ「ね～！」

【イタリアの場合】

学生Ａ「ルカは本当に優しいね。いつも面白い話してるし、この前もずっと付き合ってくれたし。話しやすいしかっこいいよね～。数学も、ルカが教えてくれるおかげで先生に質問する必要もないもんね」
学生Ｂ「キアラは医者になりたいらしくて、すごく勉強してるみたい。先生たちもみんな褒めてるけど、大変そうだね。彼女は認めたくないだろうけど、疲れていると思うんだよね。ちょっと話しかけてみようか」

二つの会話を比較すると、はっきりとした違いがある。前者は脆弱性に全く触れられず、「完璧」に近いことが周囲の評価の対象になっていることがわかる。一種のステレオタイプ的な会話ではあるが、日本の学校でこうした会話がなされていることは想像に難《かた》くないだろう。

ちなみにイタリアでは日本の同年代の会話と比較して、ポジティブなところだけではなくネガティブなところをさりげなく批判することもよくある。空気を読んだり顔色をうかがおうとする気持ちは薄い。ネガティブな感情に対する抵抗が少ないからである。

また、便宜上どちらも二人の会話としたが、日本だと先のような会話が５〜６人以上の集団でされることもあるだろう。一方、イタリアの場合は一般的に、仲の良い２〜３人程度である。

スクールカーストの奇妙な昇進

話は少しそれるが、学校という特殊な空間についても言及しておきたい。学校はミクロな社会を形成しており、そこにはマクロな社会全体の断面が現れることがある。保護者もまた周囲の大人たちから影響を受け、欲望を模倣し、価値観や規範を子どもへと伝えている。すなわち、子どもたちは親だけでなく社会全体の大人たちから間接的に影響を受けて、学校という小さな社会の構成員となる。

日本の学校空間には「スクールカースト」という奇妙な現象がある。学者たちからも指摘されているし、もはや一般的にも知られた言葉だろう。学校を社会の模型として解釈したとき、スクールカーストは極めて容赦《ようしゃ》ない階級制度だ。

知らない読者のために簡単に説明しておくと、スクールカーストとはスクール（学校）におけるカースト（序列・派閥）である。運動や勉強の能力、モテるか否か、面白さや雰囲気などで「イケてる」かどうかが決まり、自身の評価や属するコミュニティが左右される。

スクールカースト的な現象は、決して日本に限った話ではない。ただ、「集団内でのコミュニケーションのうまさ」で序列がつけられる点が、日本独特といえる。日本の学校空間では、集団コミュニケーションの出来具合で、周りの承認を得られてトップのカーストに「昇進」できる。

とはいえ、集団コミュニケーションがうまい人はたいてい何かを「所有」しており、そこに価値が見出されている。運動神経、高いモテ度、ユーモア、親の社会的地位、家庭の金銭力……。こうしたものが一つもなければ「地味」扱いされる。それだけならまだよいが、存在価値すら認められず、無視されたりいじめの対象となることもある。一方、生徒たちは何かを所有している生徒たちのことを崇拝するようになる。スクールカーストは人間に対して条件つきの価値しか認めない、過酷な制度である。

この「条件つきの価値」は極めて人を苦しませるものだと思う。条件を満たせなければ、他者に承認されない。偏狭な基準のみで評価する／される生徒たちは、それぞれの才能や特質＝脆弱性を大事にするよりも、弱点として解釈してしまう。「王道」の流れに飲み込まれて劣等感を覚え、己の才能を信じられなくなる。

本来、家族が偉いとか金持ちとか、自分の運動神経が良いといった属性は本人のコントロールの範囲外である。だから、その人の価値を評価する際に重視されるべきものではない。もちろん生まれつきの才能や美しさを褒める対象にすること自体は問題ないが、あくまでもその人の価値を左右するところではない。

スクールカーストで「イケてる」男性には強さや運動能力の高さが求められる。文武両道であればさらにいいし、人当たりの良さも欠かせない。女性の場合、強さや自立心よりも優しさや母性が求められる。ジェンダー規範に縛られた役割の強調がそこにはある。たとえ本人が望んだものではなくても、特定の規範に沿った褒められ方をする点もまた、スクールカーストの問題である。

なぜ日本のスクールカーストが独特かといえば、欧米では「みんなと仲良くできる」ことが望ましい特性だと思われていないからだ。むしろ、相容《あいい》れない人が存在することは当たり前。反感を抱かず誰とも仲良くできるなんてほぼありえないと思われている。「真正性」（自分が自分であること）が最も崇高な価値として位置づけられている欧米の文化において、「みんなと仲良し」というのはむしろタブーである。

余談だが、日本でよく使われる言葉としては「コミュ障」も非常に興味深い。コミュニケーション障害を省略したスラングである「コミュ障」とは一般的に、いわゆるシャイ、人見知り、内向的、非社交的な側面を持つ人を指す。もっと広くいえば対人関係が苦手で、しゃべるのが不得意な人、人前で緊張してうまく話せないことを指して使われることもある。

哲学者の考える「本物の人生」

話を戻して、脆弱性についてより深く考えたい。この概念は正確には、単なる弱さや弱点とはやや異なるニュアンスを持つからだ。

まず老年医学において、脆弱性は「フレイル」といい、比較的ネガティブなニュアンスを持つ。身体的機能や認知機能の低下がフレイルに該当する。医療の世界では、看護や介護制度そのものが人間の脆弱性に応えるために生まれた分野とされている。

哲学の世界に目を向けると、哲学者のバリー・ホフマスターは、私たちの脆弱性を認めることは私たちの人間性を認めることであると主張している。実存主義という、人間の存在の条件を探求して意味づける哲学思想において、脆弱性は依存や孤独、死に並んで人生の欠かせない基本条件の一つと認識されている。

最も有名な実存主義者の一人であるフランスの哲学者サルトルも、「本物の人生」と「偽物の人生」を概念的に分けて、本物の人生を生きるには自分の脆弱性を認識し、社会の積極的な参加者となり、自分に誠実な人間として他者と関係構築に励む必要があるとしている。

彼曰く、「本物の人生」を送る人は自分自身に誠実であり、社会に積極的に関与する。その選択をして初めて自由となり、自分自身と他者に対して責任を負うことができる。そこには苦悩を伴うが、それは本物の人生を送るための代価でもある。脆弱性を認めた本物の人生の送り方こそ、人生を開放するという主張だ。

人生を開放できるようになると、人は自分の脆弱性から逃避せず、脆弱性と「共に」自由を成し遂げる。他方、実存主義者にとって本物の人生ではない生き方は、責任や苦悩から逃避できるが、同時に自由を失わざるをえない。

「本物の人生」を選ばない人はありのままの自分を受け入れず、「体面《たいめん》」を必死に守ろうとする。他者に対する責任を免《まぬが》れることで、自分自身の行動にも責任を負わないふりをする。また、他者を物のように扱うことで、責任を問う関係を避ける。このようにして痛みや苦悩を避けると同時に、本物の人生を諦めている。これがサルトルの主張だ。

このように、医療と哲学の分野を見ると、脆弱性には痛みや苦痛を感じるリスクと、人生への開放性と人生に対する意識形成を促す両面性を持つ。

フィンランドのヘルシンキ大学で医療倫理などを研究するアネッリ・サーヴィネイキとベッティナ・ステンボック＝ハルトの概念分析によれば、脆弱性は次の三つに定義される。

① 虚弱また精神的、身体的な弱さ
② 感情的な感受性
③ 守られるべきときに十分に守られていないこと

精神的、身体的な弱さはわかりやすいが、自分の外側と内側で何が起こっているかに気づく能力や、他人の感情を察知する共感性の高さなども含まれる点は興味深い。

特に、感受性という意味で解釈される脆弱性は、筆者が重要だと述べてきた「負の感情を表現する力」と関係していると思われる。脆弱性があるからこそ他者に誠実な感情を表現すること、つまりポジティブなコミュニケーションができるのではないだろうか。

日本に限った話ではないが、効率と生産性を重視する現代の社会で脆弱性は邪魔者扱いされがちである。消費する労力を最小限にとどめて成果を達成する「コスパ」が求められるとき、脆弱性は運動を止める摩擦のようなものだからだ。しかし、摩擦のない世界が存在しないように、脆弱性を無視して物事を進めてもうまくいくことはない。一時的には効率的に進んだように見えても、いつか必ず限界が来る。それならば、最初から脆弱性を受け入れて動く方がかえって「コスパ」すら良いのではないだろうか。

脆弱性を受け入れるには心の余裕が必要かもしれないが、それは「本物の人生」を送るために不可欠であり、人間に必須な経験である。脆弱性を許さない社会とは病的な社会でもあるだろう。

物件探しになった恋愛

日本社会はどんな風に脆弱性から逃避しているのか。

象徴的なのは恋愛の世界である。ここでは、いわゆる「婚活」に関して話したい。欧米にも婚活にあたる活動がないわけではないが、多くの場合は個人で済ますものであり、社会的に認知された活動・イベントではない。さらに「合コン」という概念に至っては、イタリアの友人に説明することも難しい。もしかすると、白い目で見られるかもしれない。端的に言うと、結婚したいから恋人を見つけようとするのが本末転倒と思われるのだ。

筆者から見ると、これには脆弱性の受け入れ拒否が関係しているのではないかと思う。婚活やマッチングアプリで自分に合う条件を考え、都合の良いパートナーを「狩る」。極端にいうならば「恋人を買う」行為である。それは他者を無条件に愛する、受け入れることとはずいぶん異なる行為だ。条件をつけること自体、相手の脆弱性を減らしたい、見ないふりをしたいという欲望につながる。このメンタリティは「完璧主義」の副産物でもある。こうした環境においては、マイノリティの人が恋愛をすることなどは難しくなるだろう。

恋愛はもはや就活と同じ扱いになっている。流行《はや》りの文化に認められた見た目や経済力といった条件をクリアした人間がパートナーとして優遇される。そこでは許し合いではなく、需要と供給に基づく力関係が形成される。こうした条件つきの愛が徹底されると、人口のごくわずかしか恋愛や婚姻の関係を結べなくなる。脆弱性を認めない文化に生きることは、永遠に続くテストのようなものだ。満点を取れる人間などいるはずがないのに、テストが終わることはない。

「基準を満たす」パートナーを探すよりも、好きなところのあるパートナーを探す方が本来は自然であろう。この違いはつまり、定量（quantity）と定性（quality）の違いである。定量で相手を評価する場合は、数字が決着をつける。多いものが勝ち、少ないものが負ける。一方、定性で人を評価すると、量の多い少ないではなく項目それぞれの特徴が対象になる。そこに比較というモノサシは生じにくい。人の価値を数字に置き換えず、競争が激化しない社会の方が生きやすいのは間違いないだろう。

社会を制御するための「勝ち組／負け組」

２００３年に発売された酒井順子の『負け犬の遠吠え』という本が日本を揺るがしたことを知った。同書の中で、「負け犬」という言葉は30歳を超えて結婚していない、子どもを産んでいない女性のことを指している。酒井は、社会からは彼女らは負け犬とみなされているが、経済的な余裕と自由を持つ者として尊敬すべきであり、このような幸福な生き方ができる女性たちは自分の人生の選択を嬉しく、誇らしく思うべきだと強調した。

筆者の見立てだと、「負け犬」たちの共通点は30歳以上で学歴が高く頭の良い、堂々と自分の意見を主張でき、強い態度もとれる女性たちではないかと思う。もっと大胆にいえば、自立心や探究心にあふれる女性たちこそ、日本社会からは「負け犬」とみなされている。

他の国ではこういう女性たちは魅力的と思われるはずだが、どうして日本においては、いわゆる「非モテ」になってしまうのだろうか。

社会を、生存を目的とした一つの生命体と捉えると、社会自身にとって、勝ち組／負け組という構造からかなりの利益を得られる。例えば労働力はわかりやすい利益の一つだ。社会全体の労働力を高めることで社会の機能が上がり、経済力も増す。「きちんと」就職して働いてくれる人は本人の利益にもなるし、社会にも利益をもたらす。これが本人の望みである場合は問題ない。

しかし、現実には環境や身体や精神の問題で就労に失敗したり、うまく働けなかったりする。そのような人を「負け組」として社会が罰することで、社会は利益を最大化しようとする。親の介護で働けない人や、子どもの不登校も同様だろう。就職や勤労といった「レール」から外れる行為は社会に利益をもたらさないから「負け」とみなされる。

『負け犬の遠吠え』において、彼女らは社会の生存に対して迷惑な存在と思われているから「負け犬」とされる。まず、子どもを産まないため社会全体に労働力を補給できないと思われている。そのうえ、自立心が強く野心にあふれた女性たちは、家父長制的な社会の男性たちにとっては自分たちの権力を奪いにくるリスキーな存在として映る。

男性をサポートすることが現代の女性の理想像とはいえない。女性は男性と変わらず夢を持ち、誇り高く自分の道を切りひらく存在である。「負け犬」の女性たちは家庭に興味がないわけでもない。しかし彼女らはまるで、女性性そのものを嫌う人間として扱われている。

集団主義のほとぼりが残存する日本社会では、いまなお個人主義と集団主義が水面下で争われている。

日本社会が勝ち組と負け組にこだわるのは、シンプルな振り分けの方が社会を制御しやすいという側面もあるかもしれない。

社会は我々に役割を与えて、それに適応するか否かで評価をつける。その中で、記述不可能で単純な評価に向いていない脆弱性や固有性を称賛する余裕はない。すると「負け組」の記号がついた人間には自責の念や、勝ち組への嫉妬心が生まれる。勝ち組だろうが負け組だろうが、人間だから夢を抱いたり誰かに恋したりするだろう。だが、全ての人のそうしたポテンシャルを支えられる社会には残念ながらなっていない。

さらに言うと、日本の勝ち組と負け組の間には互換性がないところが問題だと思う。つまり、一度負け組のレッテルを貼られたら、そこから脱出することが難しいのだ。ある種の階級制度と言ってもよいだろう。一方、勝ち組も自分のステータスを失わないため死に物狂いになり、他者に対する根拠のない優越感に浸る。「金持ちはより金持ちに、貧乏はより貧乏に」(The rich get richer and the poor get poorer) とでもいえる状態だ。

「負け組」でいられる勇気を

　心理学において「強化刺激」という概念が存在する。自発的な行動に対して報酬や罰などの刺激を与えることで、その行動を増減させる手段である。社会の利益になる行動に対して正の刺激を与えることで、その人は以降も同じ行動をとり続けるようになる。これは自身の内発的な欲望であるかのように見えるが、実のところ社会からのシグナルを受け取って行動が継続・強化されているわけだ。こうした「正」の強化刺激は、個人の願望が社会の利益と合致している限り発され続ける。だから、個人のあり方はどんどん社会に近づくようになる。いわゆる「オペラント条件づけ」と呼ばれる行動主義心理学の理論である。

　私たちが自発的なものだと感じている行動の多くがこのように動機づけられていることは、悲しいが避けられない事実である。逆にいえば、個人主義とはそうした社会の願望にあらがう働きから生まれてくる考え方でもある。

　私たちに必要なのは「負け組でいられる勇気」ではないだろうか。それは、変わり者(weird)と思われることへの勇気でもある。欲望を満たすには、どうしても感情を表現しないわけにはいかないだろう。

その勇気さえあれば、「負け組」は本当の意味では負けていない。他者との競争に勝つのではなく、自分の中の戦いに勝っているのだから。己を知り、常識のルールに則りながらも感情を表現できる人こそ、真の「勝ち組」だろう。

「非モテ」という呪い

日本社会はどんなグループでもそこに男女がいる限り、人は「モテ」と「非モテ」に分かれる。それはスクールカーストのような形で表れることもあれば、口にはせずとも暗黙の了解のように理解されることもある。「モテ／非モテ」は本質的な要素や客観的な評価で区別されるわけではなく、あくまでも集団内での認識によって形成される。

「モテる」という言葉は「可能な恋愛対象の多さ」を示している。英語ではpopularと直訳されることが一般的だが、こちらは「人気のある」という意味だ。日本語のモテるとは使う場面もニュアンスもだいぶ異なる。「モテる」は人間に備わる美徳というよりは、社会的ステータスの高さを示す言葉である。ちょっと意地悪い言い方をすれば、まるで売れそうなオススメ商品につく広告のようなものだ。このイメージは、いわゆる「売れ残り」という言葉にも共通する。さすがに近年はあまり使われないそうだが、初めて日本でこの言葉を聞いてその意味を知ったときは、かなり驚いた（知らない人のために補足すると、婚期を過ぎても独身の女性を指す、少しからかいの入った言葉である）。

　モテる基準の背景を分析すると、ジェンダーのステレオタイプがかなり入っている。モテる男はイケメンで、稼ぎが多く、強い。年上の場合が多い。そのうえで、相手を思いやる優しさもある程度要求される。女性の場合は可愛い年下が多く、男ほど稼ぎは多くなくてよい。ちょっと不器用で、男に頼るような弱さはむしろ魅力となる。時代が進むにつれて変化してきた部分もあるとはいえ、これが定番の「モテセット」だろう。揃えば揃うほどモテ度が上がる。

　先ほどの議論に結びつけると、「勝ち組」はモテる。むしろ、モテるから「勝ち組」とされている。ただ、当たり前だがモテること自体が恋愛における幸福を約束するわけではない。他者から生物学的に魅力のある生き物として認知されることは、原始社会で子孫を残す際には役立っただろうが、現代社会での良い恋愛は保証されない。注意しなければ、自己満足を募《つの》らせる欲望でもある。

モテることと恋愛の成就はどのように異なるのか（図15）。

まず、私たちは健康的に見える人、健康な子孫をつくれそうで、周りの世話をできそうな人を魅力的に感じやすいとされている。このような、生物学的な魅了は最も原始的なものだろう。この次元をステージ１と名づける。この欲求は根源的なものであり、あらがうものでもない。個人の内面的な個性はここでは考慮されない。

続くステージ２の次元では、フロイトが論じたいわゆる潜在的意識が加わる。無意識下で、これまで形成された人間関係のトラウマから相手に魅力を感じるようになる。我々の過去の経験から嗜好《しこう》が形成されるステージだ。単純なのは、厳しく愛のある父に育てられた女性が厳しい男性に魅力を感じる傾向が生まれるようなケースである。徐々に個人的な要素が入りつつあるが、まだ個人のパーソナリティが完全に表現された恋愛とはいえない。

最後のステージ３の次元は、子孫を残すための生物学的魅力、過去の経験や人間関係から形成された嗜好に基づく魅力ではなく、個々の固有性による魅力がメインとなる恋愛だ。人格、見た目、短所と長所に優劣をつけず、人により異なる、かけがえのない魅力を感じるステージだ。ステージ３での魅力は生物学的な魅力と異なり、定量化が難しいし社会全体に対する利益があるわけでもない。点数では表せない世界観である。

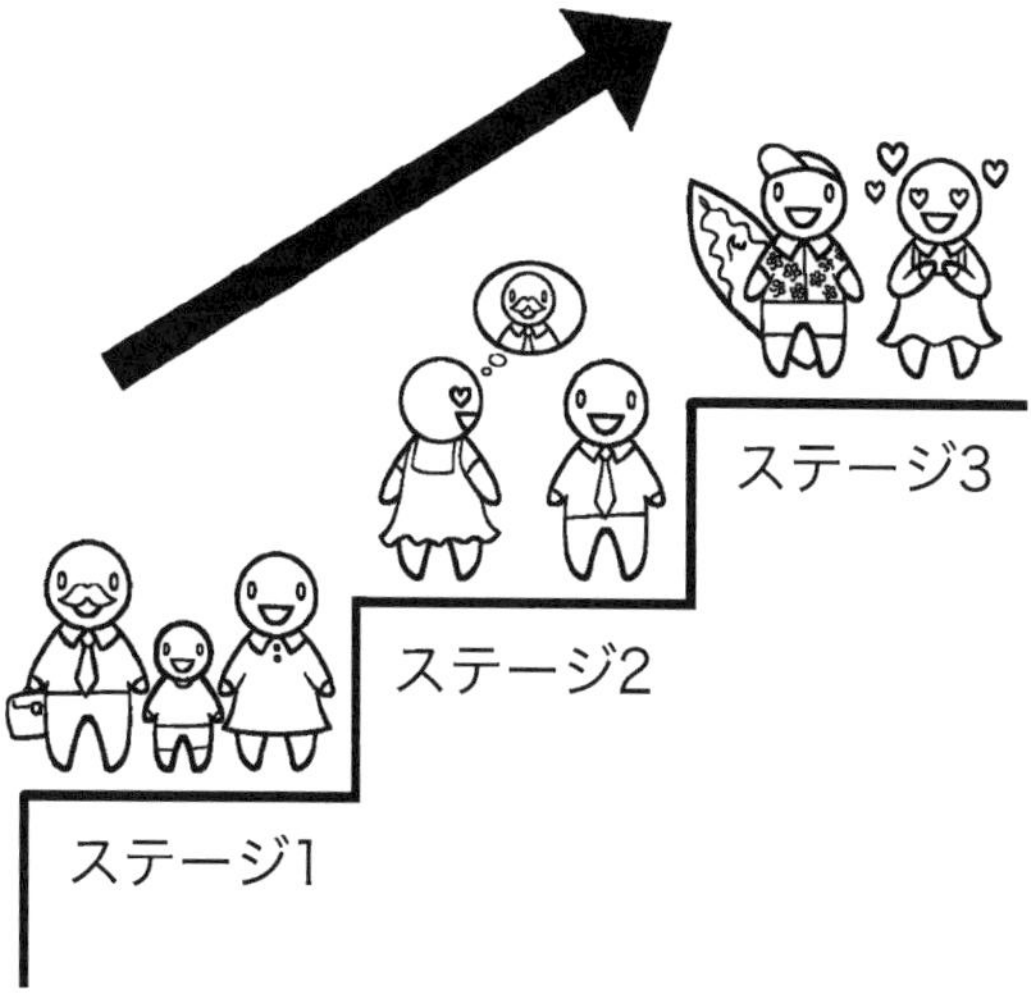

図 15　恋愛のステージ１は最も原始的な欲求に基づき、ステージ２は過去やトラウマの体験に基づく。ステージ２は個人の欲求に見えても、そこには社会的期待が多分に含まれる。ステージ３になると相手に対する興味や魅力は純粋に自分のニーズに基づくもので形成される。

このように恋愛を整理したとき、いま使われている「モテる」という言葉のほとんどがステージ1の原始的な衝動や、ステージ2の中のジェンダーステレオタイプに基づく嗜好だと解釈できる。こうした「モテ」基準が幅を利かせると、極端にいえば優性遺伝的な考え方につながってしまうのではないだろうか。モテる人を褒めること自体に悪意はないだろうし、悪いことだとは言わないが、社会から見て望ましい固有性を持たない人の排除につながるリスクがある。

「モテ／非モテ」という低い次元の恋愛観・人間観にとどまることなく、感情表現やパーソナリティを尊重するステージ3の恋愛が広まるのが望ましいと筆者は考える。そこに「負け組」は存在しないだろう。望む人は誰しもパートナーを見つけられるチャンスが確保されている。社会の願望と自身の願望を同一化させ、「モテたい」と無理して何かを装う人も少なくなるだろう。精神医学的な言葉を使うと、心理的抑圧が自己構築とは反対の方向へ進む危険な行為を防ぐことができる。

感情労働と表層演技

日本は近年、高い自殺率と休職者の増加に苦しんでいる。

２００８年に太田保之らが発表した「職場のメンタルヘルスの現状と問題点」という論文では、職業関係で強いストレスや不安、悩みを感じている労働者は6割を超えており、うつ病や不安障害などの精神疾患が急増している背景として、日本の産業構造の変化が示唆された。この流れはいまも変わっていないように見える。その象徴が、いわゆる「感情労働」である。

感情労働とは社会学者のA・R・ホックシールドが１９８０年代に定義した概念で、肉体労働や頭脳労働と並ぶ労働の一種である。その名の通り感情に負荷のかかる労働であり、例えばいつでも笑顔でハキハキと明るく対応することを強いられる接客業や、クレームの罵詈《ばり》雑言《ぞうごん》に耐える必要のある電話対応などがイメージしやすい。もちろん、そうした職種以外でもかなり多くの人が言語／非言語の両方を用いて感情労働に従事している。

発達途中で感情のコントロールがあまり求められない子どもと違い、「社会」人は感情管理能力が求められる。他者の感情に配慮し、自己の感情を制御する。それは当然ながら必要な能力の一つではあるが、まぎれもなく強い負荷のかかる労働であり、度を越えると精神のバランスが乱れる。本来の自己との解離が生じてしまいかねない。

感情の表出は英語で「エモーショナルディスプレイ」(emotional display) と呼ばれ、本当は感じていない感情を表出するときに生じる違和感を「エモーショナルディソナンス」(emotional dissonance：感情的不協和) という。感情労働はこのディソナンスをもたらすものであり、それにより感情的疲労をきたす。感情的疲労が大きければ大きいほど、仕事に対する満足度は下がるとされている。

内面では全く感じていない感情を表すことは、心理学では「表層演技」と呼ばれている。また、表現しようとする感情を自分の内面ではもともと自然に感じていないが、それを内面の感情であるかのように感じようとする動力は「深層演技」と呼ばれる。さらに、内面の感情と表示する感情が完全に一致することは「誠実演技」という。

こうした演技の種類によって、私たちの感情疲労の度合いは変わる。

表層演技は感情的疲労を最も高めると考えられている。本当は感じていない感情を取りつくろうことの精神的なストレスは大きい。自分の感情表現と社会に求められている感情の間に葛藤が生じることから、葛藤理論 (conflict theory) とも呼ばれる。

深層演技は、表す感情が内面で生じた感情とは違うが、本人は本心と感じるように努力をし、その差を埋めようとする点で、表層演技よりは感情疲労がやや減る。例えば、患者の苦しみに気持ちを合わせようとする看護師などが想像しやすいだろう。表出する感情と自分自身の感情が、ある程度までは近づく。こうした特徴から、深層演技は「善意を持って似せること」と言われることもある。そして誠実演技は演技というより本心そのものであるから、感情疲労が一番軽いとされている。

これらの理論を日本社会に応用してみたい。日本社会は表層演技の得意な人が優位に立ち、優遇されている印象がある。個人的アイデンティティよりも社会における役割を表すアイデンティティ（キャラなど）をうまくこなせる人の方が、周りの空気を読んで出世しやすいだろう。このような社会においては、個人の感情表現が重視されないだけでなく、感情表現の倫理的な意味での本質も十分に理解されない。

例えば「空気を読む」ことは、場の感情を読み取り、自己感情を調律してその場に馴染ませる作業である。他者と場面の感情に合わせる、表層演技の極みといってもいいだろう。「建前」も表層演技の一つの形として説明可能だ。

表層演技による健康被害を調べた研究は主に、職場の環境にフォーカスしている。会社員を対象にした研究では、会社員が表層演技をする際、それを自分の感情に対して真正ではないと感じ、幸福感が低下することもあるとされている。他にも、表層演技を感情抑制の一種と捉えた研究では、生理的反応の極端な高まりや陰性的気分との関連が示されている。さらには身体的・心理的緊張やストレスとの関係も示されており、うつ症状や身体の不調（消化器症状など）によるパフォーマンスの低下が論じられている。

とはいえ一方で、表層演技は社会や組織の感情表出のルール上、必要とされているものであり、全ての面で不利益をきたすわけでもない。職場における協調的な関係を促し、労働のパフォーマンスを高める側面もある。特に同僚同士での共依存、協調的な関係に対して良い影響を与えていると考えられる。

前にも話したように、日本の価値基準は欧米圏のそれと異なり、他者と共有する空気の乱れを避ける作業が大事であり、自分に素直であることは特段美化されない。ここで必要とされる感情抑制はまるで「スキル」のようである。

たしかに日本社会で生きる限り、表層演技をうまく使うことによる利点はいくつもある。個人の承認欲求も満たされやすいだろう。だが、それで個人のアイデンティティまでもが構築できるわけではない。表層演技の積み重ねは「建前」という成果物しか生み出さないのではないだろうか。

第3部　コミュニケーションのかたちと中身を診る

心にも「風土病」は存在するか

風土病とは一定の地域にて流行する病気のことで、普通は感染症を指すことが多い。その地域固有の環境に要因が存在し、一定の場所で発症する病気は風土病と呼んで差し支えないだろう。特定の文化に関係する病的な行動の場合は、「文化依存症候群」という言葉が使用される（以前は文化結合症候群と呼ばれていた）。

風土病の場合、気候や人間の遺伝子的な傾向、食生活など要因が判明しやすい。ところが、行動や感情の側面を含む文化依存症候群の場合は、仮説を立てることはできても、結論の証明にまでは至らないことが多い。ただ、人間の行動と感情はつかみどころがないとはいえ、環境的な要因に影響を受けていることは自明である。環境（environment）が遺伝子（genetics）とともに人間を成立させていることは、現在の医学の基盤と言ってもいい。

特定の文化が偏った感情のパターンや行動を生み出しているとき、その偏りが正常から逸脱していると自覚することは難しい。その文化にとっては、それが「普通」のことだからだ。医学的な用語を使うと、病識の欠如を意味する「病態失認」（anosognosia）が集団全体に起こるわけだ。コミュニケーションの仕方を異文化と比較する意味はそこにある。

文化慣習に対して「病気」という言葉であれこれ文句をつけるのはおこがましいだろう。ここで言いたいのは、どの社会にも精神的に健全とは言えない側面があり、そこに生きる人々はその状態を容易に失認しうる、ということだ。

前著『アニメ療法』でも繰り返し主張したことだが、「正常」と「異常」の境界線は極めてあいまいなものだ。たとえ行動や感情に偏りがあったとしても、本人の生活や対人関係に支障がない限り、そもそも病気として捉えることは正しくない。これは現代の精神医学のコンセンサスでもある。さらにいえば、それぞれの文化で何を病的とするかの基準も異なる。ある文化の価値観を絶対化し、唯一正しいものとみなすのは間違いである。いわゆる「文化相対主義」と呼ばれる考え方に立脚したい。

とはいえ、特定の文化慣習によって、そこで暮らす人に不健全な状態が生じうることは事実であり、何でも「うちはうち、よそはよそ」で済ませるわけにもいかない。適切な指摘は必要なことだろう。

本音と建前の矛盾を受け容れる日本社会

文化相対主義に関連して、日本文化は道徳的相対主義（絶対の道徳制度が存在しないこと）を促す可能性があることを教育心理学者の内藤俊史が指摘している。道徳的相対主義の典型は善悪の捉え方にあり、一つの実例として本音と建前の二元論があるというのだ。日本社会には状況的要因で善悪が変わる、道徳的相対論が存在すると内藤は主張している。

同様に、外交官かつハーバード大学の教授であったエドウィン・O・ライシャワーも、西洋において善悪とは絶対的かつ抽象的な倫理原則で決まるのに対して、日本では状況的かつ具体的なところを判断材料にして善悪が決まると示唆している。

このような捉え方は日本社会の「義理」という概念からも見えてくる。義理とは建前の下、ある関係を社会的に潤滑に機能させるため恩恵を施すことと定義できる。すなわち、義理の中に自己感情は含まれない。本人が何かしらの価値観を抱いても、そうした個人の善悪の基準ではなく、社会的な関係性が善悪に関する何よりの判断材料になる。

また、『菊と刀』で有名な人類学者のルース・ベネディクトは、日本社会の道徳的相対主義は同じ価値判断の対象（本来であれば同じ価値をつけるはずのもの）であっても、領域が変わると道徳判断も変わると指摘した。例えばAさんが生意気な友人に対して「正直かなりムカつく」、でも「礼儀正しく振る舞いたいから反論はやめておこう」と感じたとする。このとき、Aさんは友人に対して本音と建前の領域で異なる評価をしているにもかかわらず、自分の中に矛盾を感じていない。

本音と建前を抱くこと自体はよくあることだと思う。注目したいのは、Aさんがそこに論理的な矛盾を感じないことである。なぜなら、西洋で支配的である絶対的道徳の見方からすると、こうした矛盾による道徳の両価性（正反対の概念が同時に存在すること）は不愉快で、避けたい気持ちが生じるからだ。日本社会では、こうした両価性は避けるのではなく、むしろ大事にされている。

もちろん、西洋社会に建前が存在しないわけではない。だが、日本社会と比較したときの違いは、本音と建前を受け入れる意識である。西洋社会では本音と建前の間に生じる両価性が矛盾と感じられ、不快感と抵抗感が湧く。

日本の場合は、本音と建前は矛盾するものではなく、必然的な両立関係に結ばれているように思われる。日本人が建前を身につけるのは社会人になるための必然的な「通過儀礼」であり、成熟した大人には本音と建前の使い分けが期待されている。社会心理学者の折橋徹彦も、日本社会では本音と建前を自由に操ることができるようになって初めて大人とみなされると指摘した（図16）。

筆者の考えでは、本音とは自然と内面から生み出される個人の願望と意欲であり、建前とは外部の標準や規則を優先し、自分の願望と意欲に見せかけたものを示す。

一方、日本人の研究者の見方では、それはやや異なる。彼らからすると、本音とは自身に対した偽りを含めない本心、社会の価値判断に感化されていない感情や欲求を示し、建前とは自身の欲求に対外的な価値判断を加え、集団や社会の期待に合わせて形成されるものを示している。

違いを他にも述べると、欧米の建前は社交儀礼のような使い方に限定される。知らない人や立場が上の人に対して建前で振る舞うことは一定程度あるが、ちょっとしたことで距離感が縮まったら、建前を使うことはかえって失礼と思われる。建前に他者を尊敬するニュアンスは含まれておらず、建前で話して良い評価をもらえることは少ない。逆に、信用できない人の特徴だと思われている。たとえフォーマルな関係であってもだ。筆者から見ると、西洋社会では、建前が倫理的に良くないとされることから、それがあたかも存在しないかのよう

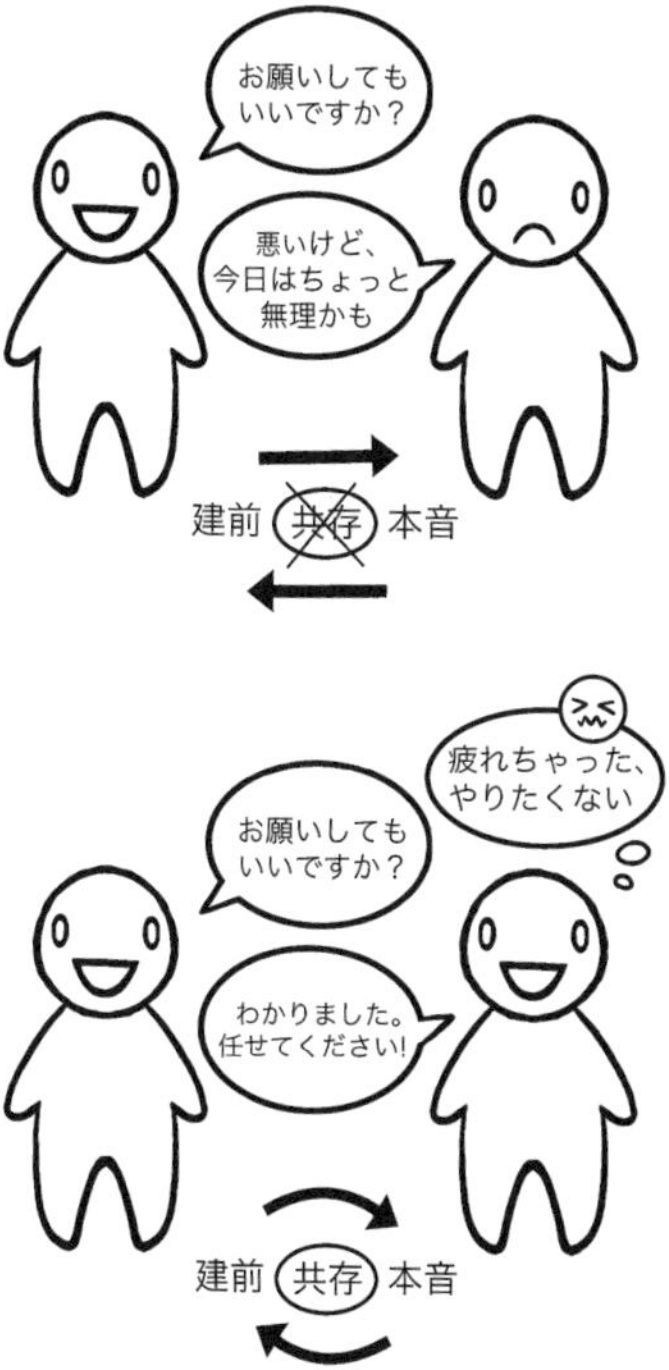

図16　西洋社会の場合は、本音と建前に類似した概念が存在するものの認知的・感情的な矛盾が感じられ、本人の中で共存しにくく、葛藤が生じる（上）。日本社会の場合、個人の中の本音と建前は場面や相手次第で臨機応変に切り替えられる。この切り替え（共存）には認知的・感情的な矛盾を感じにくく、葛藤が生じにくい（下）。

に振る舞っている節もあると思う。

本音と建前の共存を許す両価性は日本特有の現象なのか。例えば文化人類学者のエドワード・ホールは、本音と建前は日本文化の根底をなす思想であり、精神に強く影響していると指摘する。日本人の道徳観は絶対的原則の美徳に基づくものではなく状況的なものであり、抽象的な原則に従い論理的統合を目指すのではなく、臨機応変に各領域の道徳のバランスをとろうとする。そうした「調整」をするうえで、自己の価値観は必ずしも担保されない。心理学者のキャロル・ギリガンは、このような道徳観が、本音と建前が矛盾していても構わないという心理に結びついているのではないかと指摘している。

先にも述べたが、本音と建前が存在する／しないという区別ではなく、本音と建前の受け入れ方が文化によって異なると筆者は考えている。

建前は「中空構造」の形態である

外国の文化人類学者などを中心に、日本社会における現象を日本に唯一無二のものとして捉える「日本人論」が語られてきた。本書も広くいえばそうした系譜にあたるだろう。ただ、筆者は日本社会の絶対的な独自性を主張したいわけではない。何でも日本特有の現象として解釈したい思考があるわけではないと言っておきたい。世界各地の文化はそれぞれ、明確に区分けできないグラデーションのように独自の色を持つ。そうした文化論、あるいは民族論の一つとして日本を対象にしている。

その前提で改めて日本の「建前」という現象を考えると、日本社会の構造が環境要因として働き、建前が根を下ろす風土をある程度つくっているとはいえると思う。臨床心理学者の河合隼雄は日本人の精神を「中空構造」という興味深い言葉で表している。河合の考えを簡潔にまとめると、日本人の精神は西欧のそれと異なり、二元論のような極端な立場を避けて中間性をとろうとする傾向がある。中立的な、決断力を求められない選択をすることが多い。積極的には何もしない、真ん中が空っぽの構造なのではないかという指摘である。

本音と建前の乖離《かいり》は、中空構造の一形態として解釈できるかもしれない。本音は二元論の一極に、建前は中空に位置するものだろう。建前によるコミュニケーションは、まさしく実質を欠いた「空っぽ」である。本音が決断力を意味するものであれば、建前のそれは優柔不断である。本音は自己感情の表現であり、建前は自己感情の抑制である。本音がコミュニケーションであれば、建前はスローガンである。中空構造を好む人間が建前に依存するのは驚くことではない。

人間の「キャラ化」

日本はキャラクターの国でもある。日本に移り住んでから、キャラクターを目にしない日はほとんどない。新商品やメディアなど、あらゆる空間でキャラクターのイメージが氾濫《はんらん》している。なぜ日本社会ではこれほどキャラクターのイメージが活用されているのか。

精神的に落ち込んでいる人間は、合理的で効率が良く情報量の多い教科書的なメッセージよりも、エモーショナルなメッセージを欲する傾向がある。その観点でも、人間や動物などに似せたキャラクターを通じてのコミュニケーションは説得力を持つ。同じ情報だとしても、私たちが受け入れやすいのだ。他にも、感情移入しやすく、パーソナルなコミュニケーションが苦手な日本人でも接しやすいといった長所がある。

メディア研究者の青木貞茂は『キャラクター・パワー　ゆるキャラから国家ブランディングまで』という著書の中で、日本のキャラクターの由来は古代からのアニミズム（どのような生物・無生物にも霊魂が宿っていると捉える信仰）にあり、現在のゆるキャラの人気にも関係していると主張する。

　こうした、キャラクターを通じたコミュニケーションの可能性については拙著『アニメ療法』で詳述しているのでそちらに譲るとして、本書ではむしろ「キャラ」の危険性に触れたい。危険性とは、精神科医の斎藤環《たまき》も指摘している、日常的な人間関係まで浸透した人間の「キャラ化」である。

　斎藤は、日本の学校の教室ではキャラ化した若者がキャラの生態系をつくっていると述べる。陽キャ、陰キャ、いじられキャラ、真面目キャラ……。生徒たちは自身が持つ性格の一側面を拡張してキャラとして身につけ、そのキャラを表出することで、生態系の中で単独の役割を果たす。この生態系の中でキャラは人格の一側面である以上に、集団に欠かせない専門的な役割を担っている。だから、集団において「他人とキャラが被《かぶ》らない」ことは鉄則だ。

　斎藤によると、人間関係におけるキャラは「再帰性」を伴う。認識（結果）が自身のあり方（原因）に影響を与えるということだ。わかりやすくいうと、「●●キャラ」扱いされ始めた人が、それに引っ張られて自身の振る舞いを変えるといった話である。

　このように「キャラ化」する人々（特に学生など若年層）に対する懸念は、実際の人間関係において単独の役割を押しつけることが不健全だという点である。キャラクターとは、フィクションのそれを想像すればわかるように、デフォルメされた、ステレオタイプ化された存在である。複雑性を持たない、短絡的なものといえる。人格の一側面を限界まで強調したものだ。それだけで個人の固有性を表すことはできない。

例えば「いじられキャラ」の人だって、いつでも笑いや悪口の対象になることを受け入れられるわけではない。嫌になることもあるだろう。しかし、嫌がる姿を見せてはならない。これはほとんど義務に近いニュアンスだ。

この危険性は「いじられキャラ」に限った話ではない。どのようなキャラであっても一つの役割で集団における機能を果たすことには、共通点がある。それは、他者の負の感情を吸収するサンドバッグであるということだ。

キャラ文化の四つの特徴

「キャラ文化」とは、己の感情を隠蔽《いんぺい》して社会的な役割を果たす様式だ。

集団が形成されると、まずメンバーたちは互いに観察を始める。誰がどのようなキャラなのか、ふさわしいキャラに対する探り合いである。「なんとなく」誰がどのキャラを演じるかが決まり、そのキャラが定着する。このプロセスは、非言語的に行われる儀式である。そして、一度キャラが定着すると、その役割から脱することは難しい。

日本の精神科の臨床医が興味深い現象を報告している。「職場のキャラを変えたい」と訴える受診者が急増しているというのだ。この場合、医学的な診断はおそらく「適応障害」となるだろう。ネット上の記事や書店に並ぶ本にも「自分のキャラを変える方法」といった文字をしばしば見かける。

「キャラ」を筆者なりの言葉で改めて定義すると、社会的役割を持つ性格の一部を強調した表層演技である。

「社会的役割」という部分はもう明らかだろう。「性格の一部を強調したもの」についても先ほど説明した通りだ。普段の人間の性格には複数の性格傾向が含まれている。その中でメインになる特性、表に出しやすい特性がある。寛容で優しい人でも挑発されたら攻撃的になる。あるいは、接する相手が変われば全く別の側面を表すことが可能になる。人間の性格は複雑で矛盾も多い。論理的には一貫性がないように見えても、本人の感情的には一貫性が保たれている。しかし「キャラ」は人格に一つの側面しかないように見せてしまう。精神医学的にも、キャラの表出は性格の表出とは別物である。

最後の「表層演技」は前にも述べた通り、相手の気持ちを感じようとするのではなく、とりあえず相手の気持ちに表面上だけ合わせる心理的な動きを示す。深層演技や誠実演技とは異なり、表面と内面との感情的なギャップが生じるがゆえに精神的な疲労をきたす。キャラの表出は社会的役割を果たすことへの満足感にはつながるが、それをし続けると自己感情の部分的な否定につながる。

整理すると、キャラ文化とは次のような特徴を持つ。

① 性格の一側面の強調
② 集団内で他者のキャラと被ってはいけない
③ 一度定着すると脱することが難しい
④ 社会的アイデンティティの表現の一種

日本社会にキャラ文化が浸透していることには理由がある。端的に、個人の固有性を全て受け止めるよりもキャラとして取り扱った方が制御しやすいからだ。

キャラには他者が特定しやすい要素が求められる。それは本人の「真実」ではなくとも構わない。省略された人格によって社会的役割を果たすのが目的であり、本人の自己感情を表出することが目的ではない。

欧米の社会では自己感情を抑制しないことが美徳とされる。ある意味、固有性に対する競争が行われているといえる。性格の一側面の話ではなく、時々は一貫性がないことも含めたうえでユニークな人は高く評価される。普段の「主」となる性格とは違う様相を示すことこそ、最も「らしい」こととされる。だがキャラ文化においては、主となる性格と違う姿を見せてしまうと、「らしくない」とネガティブに捉えられかねない。それは息苦しいことだ。キャラもまた、中空構造的なコミュニケーションの形態ともいえるかもしれない。

キャラ文化が引き起こす解離性同一性障害

キャラ文化にはこの他にもリスクがある。筆者が実際に聞いたセリフを使って説明してみたい。

「今回のパーティーにはいろんな友達がいて、どんなキャラで臨めばいいか戸惑っています」

この発言を初めて聞いたときは「これが異文化の衝突か」と、その強烈さに戸惑った。それと同時に、日本のさまざまな問題点が垣間見えた気もした。

ここでいう「いろんな友達」とは、学校、職場、趣味など、自分の生活の異なる場面で付き合う人たちのことである。つまり、このセリフを言った人はそれぞれの場面で違うキャラを提供している。きっと、他者と被ってはいけないという原則の下、そうしているのだろう。だからこそ、異なるコミュニティの人が集まる場所で、どのときの自分を演じればいいのか迷っている。別のキャラを見られてしまうと、キャラの「魔法」が解けてしまうと思っているのだ。特定のキャラに慣れきっている人たちに対して突然違うキャラを見せれば、変な雰囲気になるだろう。

この悩みは、キャラが人間の一つの側面しか持てないことで生じている。いじられキャラであれば場を仕切ることができない、非モテキャラであればかっこよさを見せられない、天然キャラであれば賢いところを示せない……。普段と違うキャラを示すのは、周囲にとってストレスになるだけでなく、示す側も、相手に見せたことがない側面を初めて提示してどう思われるか不安になり、自然体でいられない。

現代の心理学で最も知られているであろう性格モデルは「ビッグファイブ」と呼ばれるもので、性格特性を五つの因子（開放性、誠実性、外向性、協調性、神経症傾向）に分類している。ある程度単純化しているが、それでも五つのパラメータが存在する。

しかしキャラ文化はもっと単純な型に性格をあてはめるものだ。例えば意地悪なキャラで一度固定されたら、優しい素顔を見せるのは難しい。つまり、優しい自分とは解離しなければならない。このように性格の「フルスペック」を表現しないように意識することには相当なエネルギーを要し、健全とはいえない。斎藤環も『キャラクター精神分析』において、キャラを精神医学的に論じると、おそらく解離性同一性障害が一番近いという見方を述べている。

解離性同一性障害は記憶と意識の統合が断片化され、そのときにメインになっている交代人格が経験したことに関する記憶のみ保存される。俗にいう「多重人格」だ。これはもともと、自分を心的外傷（トラウマ）から守るために別の主体性を生み出し、嫌な記憶や感情をその交代人格にストレージする防衛的適応である。

キャラ文化によって性格は「解離」する。これは、固有の自己同一性が保たれず、その人の感情と認知の統合が破壊され、複数の自立する性格が成立している状態を示す。個人の感情と認知の時間的、空間的な連続性と統合が保てないところがポイントである。

キャラ文化に染まった人は、場面と相手によって操作的にキャラを切り替えている。時間的、空間的な連続性が保たれていないことから、それは複合的な人間性というよりも、解離性現象に近いと考えられる。

性格の「複合性」は「解離」とは異なる。こちらは、複数の性格特性が時間的、空間的な連続性があり統合可能である。簡単にいえば、礼儀正しさと同時に怒りっぽさを持つ人が、怒りをあらわにするときも礼儀正しい自分を保持できるようなことだ。状況によって見せる顔が違っても、複合的な性格自体が一変するわけではない。同じ相手に対して性格の違う側面を表示することができる点も、キャラ文化とは異なる（図17）。

先ほど触れたビッグファイブ理論では、人間の性格特性の程度を測る尺度が存在し、それぞれの組み合わせでスコアを決定する。五つだけの項目とはいえ、各項目をサブ要素にも分けられるため、組み合わせの数はかなりある。研究者からは理論的な枠組みに基づかない経験則でしかないと批判されることもあるが、それでもこれだけの幅があるのだ。このことを考えると、キャラ文化がどれだけ個人の人間性を単純化しているかが理解してもらえるだろう。

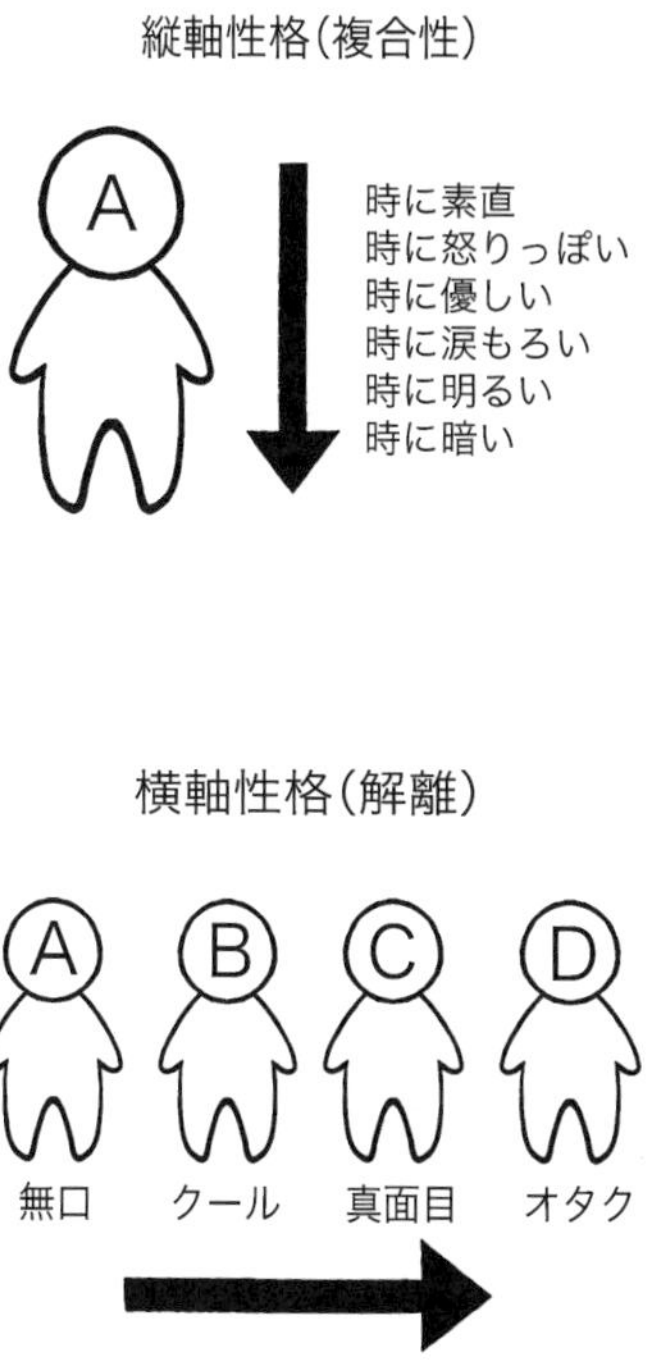

図17　性格の「複合性」（上）の場合は縦軸のイメージで、本人は同一性を保持しながら自分に含まれるさまざまな側面を表現する。一方、「解離」（下）の場合は本人の同一性が担保されておらず、違う場面、違う相手に対して全く違う性格を示す。それぞれの性格特性はつながっていない（＝解離している）。

自分という存在の断片化・並列化

日本社会に特徴的である負の感情の抑圧、本音と建前の受け入れ方、キャラ文化などは個人のパーソナリティに大きく影響している。ここで、「パーソナリティ」とは何なのか改めて考えてみたい。

パーソナリティ研究に携わってきた学者たちが唱えた有力な仮説の一つが「性格特性論」である。代表者の一人である心理学者のゴードン・オルポートは、性格の一般的な特性を「共通特性」と命名し、個人個人が持つ特性を「個人的特性」と命名した。またレイモンド・キャッテルは「共通特性」は定量的なもの、「個人的特性」を定性的なものとみなした。その後もさまざまな仮説が出てきたが、いずれも類型論（共通特性を強調する理論）と特性論（個人特性を強調する理論）の統合を目指してきた。

筆者の考えでは、キャラ文化は類型論で説明できる。なぜならキャラは人格の共通特性を強調するものだからだ。

キャラ文化は社会的な役割を果たす機能がある。たとえそれが個人の固有性を阻むものだとしても、集団主義要素の強い日本社会では有効だろう。先に述べた「中空構造」の本質も、社会的役割の追求である。個人のアイデンティティを犠牲にしてでも社会におけるアイデンティティを追求する。それがキャラや建前によるコミュニケーションを生んでいると筆者は考えている。

キャラとして生きていると、自分という存在そのものが「断片化」しやすい。自分の振る舞い、言葉づかい、表出する性格そのものがかなり状況依存的になる。こうした背景では、大なり小なり解離現象が生じても不思議ではない。

キャラもまたある種の建前的なコミュニケーションであるが、建前の機能的な定義を考えると、それは「社会的機能性の高いコミュニケーションの並列的な表現」である。「社会的機能性の高い」とは、これまで説明してきた通りだ。

では「並列的な表現」とはどういうことか。これも先ほど話した解離現象と関係している。一人の人間としての総合性（複合的な性格）を保つことなく、時間的・空間的に一貫しない自己表現をするということだ。解離性同一性障害は、自立した性格がお互いに関係を持たずに存在し、メインが次々と交代する。場面や状況、相手次第でいわゆる「スイッチ」が入ると性格が変わる。これが「並列的」なイメージに近い。日本社会の建前も同様に、コミュニケーションの形式が調整される。ただ、解離現象と異なるのは、その調整が積極的に促されている点である。

建前を通じて人は、関係性を再帰的に確認する。日本社会における人間関係の大きな特徴は、自分の立場をまず明白にし、相手との「力関係」を関係性構築の初期段階で決めるところにあると思う。その作業が建前を通じて行われていると筆者は考えている。無難なやり取りから空気を読みつつ相手の意図と心理を探り、社会的位置づけも含め自分と相手の力関係をはっきりさせる。このとき重視されるのは個人の固有性ではなく、年齢や経験、所属などである。また、仕事／プライベート、先輩／後輩、年上／年下、男性／女性、内／外といった二項対立的な捉え方が支配的な点も見逃せない。

力関係をつくるには、緊張感が必要だ。緊張関係を保つには建前が不可欠になる。哺乳類はエモーショナルな親近感を満たすためにコミュニケーションをとるが、建前文化はこの基礎的な欲求とは全然別物である。関係の損得と、そこから生まれる社会的な利益が何よりも重視される。

もちろんこれは日本社会に限った話ではない。欧米にも建前に類似するフォーマルなコミュニケーションがさまざまな場面である程度適応される。ただし、関係性の切り替えはもっと柔軟に行われていると思う。前にも述べたように、例えば関係性を構築する早い段階で、フランクな関係を促すような雰囲気が流れる。そこでちょっとした親しみを感じ取れば、フォーマルなコミュニケーションをする機会は最低限に絞られる。フランクな関係になってフォーマルな形式が失われても、実際の上下関係やお互いの社会的な位置づけ自体は変わらない。逆にいえば、フランクになったところで必要な上下関係がなくなる心配をしていないため、早い段階からパーソナルなコミュニケーションをとりやすいのかもしれない。

建前は自己防衛の形をとることもある。社会に許されている性格の部分のみを表すことで、社会から拒否されないようにする。自己感情に対する誠実さ、真正性（authenticity）は自己効力感を助けメンタルヘルスの維持に役立つが、建前文化はそれを毀《き》損《そん》している。社会的な機能性の高い、しかし断片化した自己であり続けると心を病んでしまう可能性がある。

「対話」をするための条件

本書では負の感情も含めて本心を表す、フランクなコミュニケーションの大切さを論じてきた。それがどのようにメンタルヘルスと関わっているかを述べたい。このような健全なコミュニケーションは「会話」というよりも、「対話」でしか成しえないと筆者は考えている。「会話」は二人もしくは集団の間で言葉さえ発声されれば成立する。一方、「対話」は会話の一形式であるが、一般的な会話と違って、対話が成立するためにはいくつかの条件が満たされなければならない。

対話の目標はメッセージの「伝達」の共有と、メッセージの「意義」の共有である。まず伝達の共有とは、発生した言葉自体が相手に届いていることだ。そして意義の共有とは、意味した内容や伝えたいことが相手に理解されることである。いわゆる「キャッチボール」にたとえられるものが対話である。相手の理解や感情、それを受けた私たち自身の理解や感情を繰り返し確認することが必須となる。これが最初の条件だ。

対話は、無闇に相手に言葉を投げつけて一方的に満足するものではない。相手の本心を確認しない限り、対話にはならない。だから会話よりも労力が要る。対話でない会話は楽であるが、意味の交換という観点では「薄い」。一方、対話は多くの意識やエネルギーを割く必要があるが、メッセージの伝達と意味の交換は「濃い」。

対話の成立に必要な条件は他にもある。それは相手との親密度である。ここにおいて、建前という文化が対話の支障になるわけだ。対話を成り立たせるには本心を明かす必要があり、それには自分の脆弱性をさらけださなくてはいけない。言い換えると、負の感情表出に努めることが求められるのだ。悲しみ、怒り、絶望、不信、恐怖、退屈、嫉妬……こうした人間らしい感情がないと、対話にはならない。

負の感情の表出は、歴史的に望ましくないものとされてきた。その理由に関してはいろいろな仮説が立てられるが、端的にいえば社会の乱れをもたらすからだろう。集団意識の強い社会の中では、怒りや悲しみを公に表すと、まるで破廉恥《はれんち》なことをしたかのように批判を浴びる。

少し話が飛んでしまうが、小児を対象にした研究で、負の感情の表出はむしろ社会性の獲得のために欠かせない経験であることが示されている。

心理学者のポール・L・ハリスらは児童の感情の社会化（emotional socialization）について三つの仮説モデルを提案した。一つ目は、児童の感情表現が自己反省と自己観察によって形成されることを強調する「唯我論モデル」である。二つ目は、児童の感情表現が他者の感情表現によって形成されることを強調する「行動論モデル」だ。そして三つ目が「社会中心論モデル」で、これは、児童の感情表現が社会コミュニティのフォーマル／インフォーマルな言語的・非言語的刺激によって形成されると強調する。

現在は三つのモデルの組み合わせで社会性がつくられていくことが最も妥当な仮説として考えられているが、ここからの説明には「行動論モデル」「社会中心論モデル」を援用したい。

大人が普段から行う感情表現は、子どもたちの感情表現形成に影響するとされている。大喜多元の論文「児童のネガティブな感情表現に対する養育者による受容感の影響」によれば、負の感情に対する養育者の受容感は、児童の感情表現の成長に影響していた可能性が示唆されている。「怒り」「悲しみ」「不安」「イライラ」「嫌気」「恐怖」「憎しみ」の七つの負の感情を示す児童に対して、養育者の受容感の程度によって、そのスコアに差が出ることが判明した。このことから、児童のネガティブな感情に対する養育者の受け入れ度合いが高ければ、子ども自身が己の感情をもっとコントロールできることが読み取れる。

なぜこの研究の話をしたか。それは、これが大人同士の関係にも反映できるのではないかと思うからだ。相手との信頼性を構築して「対話」をするには、私自身の感情が受け入られている感覚、つまり相手に受容されていることがかなり大事になる。我々の恥ずかしい部分、脆弱性は、人間味の極致とすらみなしてもよいだろう。他者に受け入れてもらった、認めてもらったと感じたとき私たちは初めて他者を信頼し、対話ができるようになる。今度はこちらが相手の負の感情を受け入れる。そうやって、感情表現をうまくコントロールできるようになっていく。

逆に、建前文化のコミュニケーション形式で会話に臨むとどうなるか。「会話」はできても、「対話」を成立させることは極めて難しい。当たり障りのない話にとどまる可能性が高く、パーソナルなやり取りをすることは難しいだろう。

否定されることへの恐怖は「通過儀礼」

パーソナルなコミュニケーションは感情だけでなく、認知の側面からも重要だ。相手に価値判断されず、気軽に意見を述べられる「自己認知的表現」を助けるからだ。要は、素直な意見を交換するために役立つのである。誰しも経験があるだろうが、嫌なことを言ったり言われたりしても気に障《さわ》らない人との間では、自分の意見を述べやすい。それは特別な間柄ではなくてもできることだが、建前の関係では難しい。

建前に依存して本心を言わないでいると、素直な意見を述べる習慣が身につかない。その生き方が続くと、「自分の意見を述べたら否定されるのではないか」という恐怖が増すと思う。たしかに自分の意見を言わずに建前で対応していれば、コンフリクト（衝突）は避けられる。自分の意見の正当性を問われることもなければ、自分の意見を否定される可能性も皆無だ。安全地帯にいられる。ただ、そのような人は肯定されることもない。自分の素直な意見が相手に知られることもなければ、認めてもらえる可能性もない。

否定されることへの恐怖心は人がみな持っているものだ。ただ、生まれてから一度も否定されない人なんて絶対にいない。人は否定されることで成長するといってもいい。一度でも素直な意見を堂々と述べることができたら、その後は否定されるダメージなんて小さくなっていくだけだ。この「通過儀礼」を経験しないと、否定に対する恐怖感だけがどんどん膨らんでしまうだろう。

日本社会では、自分の意見を表すことに対して「否定への恐怖」が強く存在すると思う。個人的な感触では、ヨーロッパの友達同士でのケンカと比較して、日本の友達同士がケンカするときの反応は、まるで己の存在が否定されたかのように見える。自分の意見だけではなく、自分自身を否定されたようなリアクションをする人が多い。

この態度は、自己防衛における「絶対化」に該当するように思う。「絶対化」とは否定的な評価に対する過敏的な態度で、発達過程の子どもがよく示す反応である。否定されうるから自分の意見を述べず、対話も怖がる。そして自分自身を否定されることへの恐怖・憎悪につながり、個人を肯定するようなコミュニケーション能力が養われにくくなる。

教育の世界ではよく言われていることだが、ヨーロッパの教育方式では、学校現場での議論が好まれる。例えばイタリアの中学校や高校では筆記試験が少なく、口頭試問が多い。

一般的な試験形式はこんな風に行われる。まず4〜5人が先生のデスクの前に呼ばれる。先生は一人の生徒をメインに試問しながら、それに対する個人的な意見を述べるよう他の生徒にも質問を振る。このように議論の場を設けることが多い。日本の学校と比較して、正確な知識を身につけること以上に弁論能力を育成する印象がある。自分を否定される可能性があっても自信を持って発言することは、対話に臨む際に不可欠な能力と思われる。

否定的な評価に過敏になりがちな人は自尊心が低下するだけでなく、相手と関わることで生じうる不愉快な刺激を過剰に心配する回避性パーソナリティ障害、もしくは対人恐怖症のリスクが高いと考えられる。

回避性パーソナリティ障害の人は、社会不適切やはみ出し者と思われることを極端に怖がり、自尊心が低く、集団から排除されることや批判されることに対して強い恐怖を感じ、できるだけ社会の交流の場を避ける傾向がある。自分は他者より劣っていると確信し、否定される可能性が全くない親密な関係以外をつくることができない。回避性パーソナリティ障害の原因は明確になっていないが、過去の虐待経験や長期的ないじめなどが影響すると考えられている。

建前によるコミュニケーションが支配的な日本社会において否定への恐怖は起きやすいが、その処理の仕方は人により異なると筆者は考える。回避性パーソナリティ障害の場合は交流の場そのものを必死に避ける傾向がある一方、多くの日本人の中にある否定への恐怖は、本心を露呈しないで建前に努めることで対処される。

コミュニケーション戦略としての「正論」と「ノリ」

日本社会の場で否定に対する恐怖と向き合わないように用いられる、コミュニケーション戦略を考察してみる。自然な自己感情から生まれるコミュニケーションの流れと違い、集団の利益を目的に、意識的にコミュニケーションを操作する点から、コミュニケーション「戦略」と呼びたい（図18）。

戦略の一つに「正論」があるだろう。素直な意見よりも、みんなに否定される可能性の最

図18　日本のコミュニケーション戦略。社会の圧力と社会的期待の強い環境で、自発感情のままに話すのは難しくなる。相手の反応、関係への影響を考慮してから発言する。

も低い意見を選ぶことが多い。それがいわゆる正論と呼ばれるものだ。普遍的な常識、いわゆる「であるべき」という理屈が該当する。

ただ、現在の日本社会における正論の取り扱いは簡単ではない。「これは正論だね」と指摘されることは、必ずしも良い意味が込められているわけではない。建前文化のコミュニケーションにおいて正論を用いられることは多いが、興味深いことに、倫理性が高かったり理屈の正しかったりする意見を述べたら「それは正論だ」と叩かれることもある。日本社会の「正論」の奇妙な点は、否定を免れるために用いられるのに、正論めいた発言をしたら逆に批判されることだ。やはり自己感情ではない言葉に対して人は不満を感じているのだろうか。

正論以外のコミュニケーション戦略には「盛り上がり」がある。「ノリ」といってもいいかもしれない。

みなさんも、会話を盛り上げなくてはいけないプレッシャーを感じたことがあるはずだ。先ほど言ったように、対話の目的はメッセージの伝達と意味の共有である。ただ日本において対話は少なく、多くを占めるのは「中空構造」を通じた会話である。そこでは、会話は調和を維持するための道具に過ぎない。調和のためには会話の明るい雰囲気を保つことが何より切迫な業務となる。

会話を盛り上げるため、誰もが意識して努力しているだろう。日本社会では会話を盛り上げることが、会話に参加する人の使命だと思われている。その手段として、いわゆる「ボケ」「ツッコミ」などの技術が用いられる。キャラ文化と同じく、ツッコミも集団の会話を盛り上げるための必須項目だ。

再認識する必要があるのは、ボケもツッコミも、漫才つまり芝居の中で特定の役割を果たすための手段だということだ。この、お笑いの世界で行われるフィクショナルなコミュニケーションが日本の日常会話に浸透しきっている。それを上手にこなせる人が目立ち、社交的な人あるいはモテる人として高く評価される。逆に、そういうことを上手にできない人は「ノリが悪い」「陰キャ」と認知され、集団からは敬遠されがちになる。

さらにいえば、ツッコミはあくまでも場の調和しか念頭にないから、面白さといい加減さのバランスが要求される。もし「一線」を越えると場は白《しら》け、気まずい雰囲気になる。場を盛り上げるために行われる芝居であり、それは対話とはほど遠いものだ。そこに個人の感情と認知の表現は存在しない。会話を通じて他者を本当の意味で知るきっかけ、自分を深めるきっかけはやってこない。お笑いのような日本の会話は、中空構造を追いかけるばかりで人を気疲れさせてはいないだろうか。

気疲れ社会

建前に頼った日本社会のコミュニケーション形式は「病い」と呼んでいいほどの気疲れを引き起こしていると筆者は考えている。この「気疲れ病」は、周りの人に気をつかいすぎて精神的な疲労が溜まってしまう状態を指している。

第1部で論じた「心の痛み」のメカニズムに立ち戻ってみたい。心の痛みは信号のような働き方をしており、私たちが精神的な限界に近づいたら限界を超えないように痛みを伝えてくれる。しかし、私たちが自身と他者の心の痛みに対して鈍感になれば、その信号の点滅に気づくことができなくなる。心の痛みを健全に感じ取るためには、常に他者より自分の精神的なニーズに配慮する必要がある。そうしない限り、精神が消耗するリスクは大きくなる。いわゆる「サービス精神」の強い人が気疲れしやすいのもこのためだ。

職業としてサービスに従事している人も先に解説した通り「感情労働」「表層演技」を通じて疲労していくが、普段の生活においても必要以上に気をつかう場面が日本では多いと思う。場を盛り上げようと立ち回ることもその一環だ。度を越えると、倦怠感を覚えたり身体的な症状が出たりすることもありうる。

気をつかうことはある意味では、不自然なことである。生物として個人の自我を優先する以上、思いやりや共感は貴重な能力だとしても、限度がある。むしろ、限度を知っていればこそ生かすことができるのではないだろうか。逆説的だが、際限なく他者の方ばかりを見ていると、他者のためにはならないといえる。他者を助けるために自身が犠牲になってしまっては本末転倒だ。

嫌われたくない、認められたい

気疲れのしやすさには、おそらく個人の性質以上に文化慣習が強く影響すると思われる。中空構造の維持と集団の調和を求める日本社会では、「他者に嫌われないこと」が生存戦略の一つであり、気疲れを引き起こしやすいと思う。

もちろん欧米に暮らす人も他者に嫌われたくない気持ちを覚えないわけではないが、全員と気が合う関係を築くことなんて非現実的だと捉えられている。職場においても相性の良し悪しによる人間関係の摩擦が生じても仕方がないと思われており、無理に誰かの機嫌を取ろうとはしない。比較すると、日本の職場では発言や行動の前に相手の機嫌がどうなるかを考えざるをえないことが多いように感じる。

それは思いやりの心理から生み出されるというより、自分が嫌われたくないという心理が出発点にあるものだろう。相手の不機嫌を回避するため、自分の言いたいことをためらい、建前の鎧《よろい》を着け、他者が望む言動をとる。相手の機嫌を取ろうとする行動は気疲れへの第一歩だ。

嫌われたくない、もっといえば認められたい心理も気疲れのメカニズムに組み込まれている。日本に移住してから気づいた興味深い人間関係として、意地悪な人と世話焼きな人の組み合わせが多い点が挙げられる。意地悪な人はまるで修行させるかのように、あれこれとお世話役に注文をつける。どれだけ優しくされても、意地悪く対応する。普通このような関係は機能不全とみなされるし、それ以上相手の機嫌を取ることもないだろう。しかし、世話焼きな人は自己愛から尽くし続ける。これは健全な自己愛ではなく「甘え」と認識した方がよい。本来は精神的健康のためにも、早期の段階でこうした関係性を絶つべきだ。

気疲れへの対策にはまず、健全な自己愛を育てる必要がある。コミュニケーションの観点からいうと、相手からの反応が否定的な可能性があっても、自分の意見を言う練習が大切になる。まずは簡単なことでもいいから、自分の意見を言ってみよう。

もう一つのアドバイスは「NO」を言うことである。自分の意見として「NO」の意思を提示して、それで関係が良くなっても悪くなっても仕方のないことである。ある程度相手に合わせる努力はしても構わないが、精神的な健康を犠牲にしてはならない。他者に傷つけられているのに、その間違いを許してしまうことも良くない。現代社会では他者に対して寛容であることが「能力」であるかのように重視されているが、自分の尊厳が踏みにじられるのなら話は別だ。自分で伝えない限り、相手がそのことに気づくかはわからない。

だから、最後のアドバイスは「怒ろう！」ということになる。自分自身を尊敬できない、自己愛も誇りもない人間のことを他者が認めるわけがない。もちろん深く考えずに他者を咎めるよりも、他者に理解されたい気持ちを込めて話すことが大切だ。素直に、自分が傷ついた理由や不機嫌なわけ、納得できないことを伝えよう。それは相手のためにもなる。

気疲れに関係する日本社会の慣習の一つが、本書の序盤で触れた「迷惑ノイローゼ」である。困ったときに他者に頼ることを気軽に選べないことは、それ自体がストレスの源になりうる。相手に迷惑をかけたらどうしよう、という心配でメンタルが消耗する。これを防ぐためにも、日ごろから気軽に自分の悩みを相談したり、頼み頼まれる関係性があるとよいだろう。私たちは嫌われることをおそれすぎるとストレスで病気になるが、嫌われても健康ではいられる。そのことを忘れてはいけない。

ちなみに、気疲れで悩む人が医療機関を受診してきたら、いわゆる不定愁《しゅう》訴《そ》（原因不明の体調不良）の扱いになると思う。実際のところは、ストレス反応に近い症状だろう。全身のだるさ、疲れやすさ、やる気のなさ、肩こり、関節痛、頭痛、目の疲れ、めまい、睡眠障害、食欲不振、便秘、下痢、胃の不快感などが症状で、さらには息切れ、動《どう》悸《き》、胸の痛みなどが感じられることもあるだろう。これらはストレス反応と同様である。重いケースでは、うつ病や不安障害の発症に至ることもありうる。こうした「気疲れ病」は、建前文化の下で引き起こされる一種の社会的な急性あるいは慢性のストレス状態と捉えてよいのかもしれない。

体調不良の陰にある心の不調

２０１３年、『嫌われる勇気』という自己啓発書がベストセラーになった。心理学者のアルフレッド・アドラーの教えに寄り添った考え方を基に、人間関係の悩みに対する向き合い方が説《と》かれた本である。同書のキャッチコピーには「自由とは、他者から嫌われることである！」とあるが、これはかなり良い言葉だと感じる。

日本社会において、他者に嫌われることや他者に迷惑をかけることは恥であり、勇気のいることだ。痛みを他者に伝えることを阻む文脈がある。一度建前のコミュニケーションに慣れるとそれはいつしか常態化し、中毒のように私たちを蝕んでいく。

先ほど不定愁訴という言葉を紹介したが、精神科医療においては身体表現性障害という言葉が使われる。検査で同定できる身体的異常がないにもかかわらず、患者が身体症状を訴える病気である。痛み、吐き気、しびれなどを訴えられることが多い。倦怠感もよくあるケースで、うつ症状と不安症状の合併も珍しくない。もちろん詐病や仮病ではない。患者は何か別の目的があって症状を演じているわけではなく、症状により紛れもなく苦しみを感じている。

現在の精神科医療では身体表現性障害の原因が特定されていないが、さまざまな仮説が立てられている。表出できない精神的な苦痛やストレスを経験するとき、それが身体的な症状に変換された可能性が指摘されている。

精神的な症状が身体的な症状を起こす現象は「身体化」と言われている。心が痛みを自覚できず、はけ口を失い、別の表現を探し求めて身体に出てしまう。コミュニケーションで他者に心の痛みを伝えられないから、生存本能の働きでそれ以外の術《すべ》を模索してしまうといってもよいだろう。精神的ストレスの代理症状といったところだ。

たしかに、学校や職場を休むときによく聞く言葉は「ちょっと体調が悪くて行けない」である。この表現はあいまいであり、相手とのそれ以上のコミュニケーションを拒絶する。空気を読んでこれ以上探らないでほしい、というようなサインが出ている。このとき、相手の事情を詮索《せんさく》することは迷惑の一つの形とされる。しかし残念ながら、このような流れでは心の痛みは共有されない。精神的苦痛を言語化する道が塞《ふさ》がれているからだ。

体調に精神的な具合が含まれていないわけではないが、たいていは文字通り「身体」の器質的な調子を指すことが多い。本当はメンタルが崩れていても「体調が良くない」という表現を使う。だから聞いた方は、難しいことではあるが相手の状況を知り、心情を読んで、それが身体の問題ではなく精神的な不具合であることを察知する必要がある。

例えば学校で同級生にいじめられている子どもが「お母さん、今日体調が悪いから学校に行きたくない」と言ったとする。だが実際は、言葉の裏に悲鳴が隠れている。それでも「調子が悪いから休みたい」としか言えない。告白できない心の苦しみがある。それをただの身体の問題として扱うことが間違いなのは明白だろう。こういうときこそ感覚を集中して、相手の心の痛みを探るべきである。

いじめへの正しい対策は、周囲がきちんと向き合って対応することだ。いじめを受けた子のメンタルサポートと、いじめを加えた人たちの処分が一番望ましいと思われる。いじめによる痛みを言語化するのは治癒への第一歩となる。その「痛み」を伝えられるような環境を整えるのは、間違いなく社会や学校、親の役目である。言語化できないとしたら本人のせいではなく周囲や社会の責任だ。

精神的な問題を指すときに「体調が悪い」という漠然とした表現がなぜ許容されているか。一つの可能性は精神疾患に対する先入観、いわば社会的なスティグマである。その背景から本人も周囲も、精神的な苦痛を身体症状に転化する方が受け入れやすく感じてしまう。この社会は精神的な苦痛が存在することを、表立っては許していない側面がある。社会に許容される表現に変換した方が、受け入れてもらいやすいのだ。このような過度な「身体化」は、望ましいコミュニケーションがなされていないことの結果なのかもしれない。

敬語というコミュニケーション形式は束縛である

コミュニケーションの「内容」だけではなく、コミュニケーションの「形式」にも日本社会の特徴が潜む。上下関係に用いられる「敬語」「尊敬語」だ。人称代名詞の使い方よって、相手との心理的な距離感が変わることはみなさんも経験があるだろう。過剰な敬語は他者との距離を開く。敬語をいかにして使うかは、相手との社会的な位置づけの確かめ合いともいえる。

イタリア語にも、日本の敬語に該当するフォーマルな言葉づかいがあり、日常会話で用いることも当然ある。ただ日本語と違ってかなり単純なもので、全ての言葉が変形したり、言葉自体が尊敬語と謙譲語で変化したりはしない。イタリア語の敬語は主に相手の「人称代名詞」にフォーカスしている。初めて知り合った人と話すときや先生と話すときには、二人称(tu)ではなく、三人称(lui/lei)を用いて話すマナーがある。ただ、割と早い段階で「敬語はいらないよ」と言われることが多い。「先生」(学校の教育者や医者)と話すときがほぼ唯一の例外だろう。

イタリアの敬語は日本と何が違うのか。それは相手に尊敬を示しているのではなく「関係の密度」を表している点だと思われる。要は、敬語の多さイコール心理的距離の尺度となるのだ。相手を二人称で呼ぶことこそが信頼や尊敬を意味している。「タメ語」を使い、相手を下の名前で呼ぶときの解放感はみなさんにも心当たりあるだろう。

大げさかもしれないが、敬語は束縛の証ともいえる。過剰な敬語が見えない壁をつくり、触れられない話題が多くなる。敬語という形式は、第1部で取り上げた、自分のことに触れる「自己言及」を妨《さまた》げているように思う。

そもそも、敬語や建前と自己言及は共存しにくい概念である。

建前のイメージとして、一定の規則の下、データを変換する暗号のアルゴリズムを思い浮かべてほしい。その法則に従う限り、間違いは起こりにくい。二進数であれば1か2のアウトプットしか許されず、管理が容易だ。発言はもちろん、振る舞いも「マナー」「エチケット」というリストにより縛りつけられる（そもそもエチケットとはフランス語で「ラベル」であり、宮廷における正しい振る舞いを示す注意書きのリストを意味していた）。建前の規範が強い社会ではこのようなコードの下、規定された言動しか許されない。コードが私たち自身を侵食し、何を称賛して何を罰するかも支配していく。

若者の心理を研究している藤女子大学の木村晶子によると、日本の若者の最近の傾向として「遊ぶ内容によって友達を使い分ける」ことが増加し、「親友と真剣に話ができる」「親友とケンカをしても仲直りできる」「自分の弱みをさらけ出せる」ことが減少している。筆者なりの言葉でまとめると、「あっさりしていて互いに深入りしない」関係が主流となっているのだろう。それぞれの関係性の間に分厚い壁を立て、本心を見せる関係を限定する。このような、鋭すぎるスイッチの切り替えは日本のコミュニケーションのスタイルがもたらしているのではないかと思う。過剰なスイッチの切り替えは、キャラ文化を解説する際に述べたような「アイデンティティの断片化」を助長する。

では、どうすればいいのか。内／外という区分をやめて、場面や状況ではなく個人に合わせて対応を変える方がベターだと思う。自己感情を重視して、職場の人でも気が合うならフランクになってよい。

二人称か三人称か

言葉づかいの観点では、人称代名詞の使い方も興味深い。

例えば、アメリカの著名な社会心理学者であるJ・W・ペネベーガーの研究によれば、気分が安定している人と比較して抑うつ状態にある人は頻繁に一人称を用いる。社会階層の低い人も頻繁に一人称を使う傾向がある。また、男性は自己陶酔《とうすい》的になりやすい傾向があるために女性より一人称を使いやすいと思われていたが、氏の研究を通じてむしろ女性の方が頻繁に使うことが明らかにされた。男性は「物」「対象」の話に入れ込みやすく、不定冠詞（a や an）と定冠詞（the）を使うことが多かった。

先の敬語の話に紐づけると、英語では目上の人に対しても、関係性を構築してまもなく「you」を使うことが珍しくない。こうして関係性はフラットなものに近づく。一方、日本語ではこうした二人称を用いることは侵襲的（パーソナルな領域に踏み込む）と感じられるのか、目の前の相手でも直接名前を呼ばずに三人称的に会話することが多い。一対一のコミュニケーションがあらわになるよりも、あたかも集団でコミュニケーションしているかのような雰囲気を好む印象がある（図19）。

負の感情を表出したり、心の痛みを伝えたりするためには二人称で会話した方がより直接的になり、共感を引き起こしやすく有益だと考えられる。

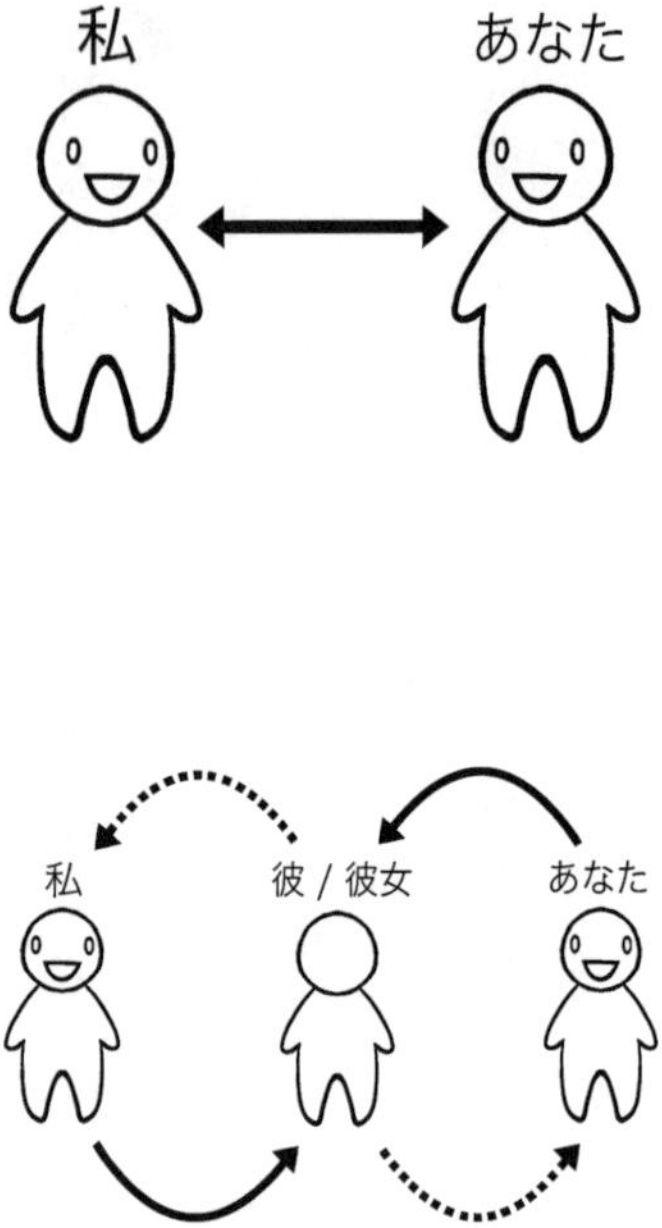

図 19　二人の間の会話において、ヨーロッパのほとんどの言語では相手に対して二人称を使うことが多い（上）。一方、日本の場合は三人称を使うことが多い（下）。この場合は目に見えない第三者が介在し、コミュニケーションがより間接的なものになりやすい。

ボディタッチの効用

建前をはじめとした日本のコミュニケーションの様式におけるキーワードは「コントロール」である。感情を抑制し、相手と密接になりすぎないよう仮面を被る。ここでは心的な距離だけでなく、物理的な距離も離れていると思う。象徴的なのが、ボディタッチの少なさだ。ボディタッチは解剖学的にはC線維の求心性神経という回路を通じて伝わる。この回路は疼《とう》痛《つう》（身体の痛み）の伝達に関わる回路と類似した神経だが、不愉快な刺激ではなく快《こころよ》い刺激を司《つかさど》っている。

C線維の求心性神経の研究者であるフランシス・マッグローンが興味深い考察をしている。自閉スペクトラム症に罹患している人たちの一部はC線維の求心性神経の伝達プロセスに障害があることが判明した。その事実から、発達過程においてC線維の求心性神経障害が生じると、社交性の乏《とぼ》しさをもたらす可能性があることが示唆されているのだ。例えば自閉スペクトラム症の方のケースでは、服の繊維の手触りでさえ不快さを感じてしまうそうだ。これらを観察したマッグローンらは、自閉スペクトラム症の他者に対する共感の欠如は「心地よい触覚入力」の欠如に由来すると示唆した。つまり、幼少期の触覚体験の欠如は青年期の心理に悪影響を及ぼす可能性があるというわけだ。ボディタッチと共感の因果関係を完全に証明するのは難しいが、何かしらの関係が成立していることは間違いないだろう。

日本社会でボディタッチがあまりされない一つの理由に、先に述べた距離のコントロールにおいて危険と感じられているのではないか、という根拠のない考察もできなくはない。ボディタッチをしないことで他者に対する共感感情が芽生えにくくなっている結果、これまで本書で話してきた日本社会に特徴的なコミュニケーションの諸々が成立しやすい風土になっている可能性がある。建前の壁を崩さないために、無自覚にボディタッチを疎《うと》んでいるのではないだろうか。

ボディタッチにはストレス消去、軽減の効果があるとされる。他者の身体と接触することで多幸感をもたらす愛情ホルモンのオキシトシンが分泌《ぶんぴつ》され、焦りと不安が減り、安堵《あんど》を覚える。身体の接触に対する遠慮が過剰にはびこる日本社会は、自意識過剰の傾向が強い。極端な場合は対人恐怖症の一環としてボディタッチをおそろしいことだと感じるまでに至るかもしれない。

対人恐怖症は社会不安障害の一つで、本書の最初の方でも触れたように、日本の典型的な文化依存症候群として海外でも認識されている。赤面恐怖や自己臭恐怖などが具体的な形だ。原因は解明されてないが、環境要因が最も関わるとされる。筆者としては、日本のボディタッチの乏しさもこの症状に関わっているのではないかと思う。

もちろんセクハラなどで他者に触れるのはありえないことで、他者に触れること自体は決していやらしい意味ではない。哺乳類が他者と健全な関係性を構築し、感情コミュニケーションを形成するための不可欠なツールである。

自閉スペクトラム症とアイコンタクト

身体的接触は痛みに対する共感体験や、パートナー間の精神的密接度を増す役割がある。心理学者のE・ブルース・ゴールドスタインによると身体的接触は感情を伝えることができ、相手に対する鎮痛効果があり、非言語コミュニケーションの質を向上させることが示唆されている。

興味深い事実として、自閉スペクトラム症の診断基準には「アイコンタクトの異常」が含まれている。

ハーバード大学メディカルスクールのヌーシン・ハジハニの研究によると、自閉スペクトラム症のアイコンタクトの欠如は他者に対する無関心のサインというよりも、むしろ自閉スペクトラム症の人の防衛機能の一つの形であると示唆されている。脳の特定の部分における過活動から生じる、不快な刺激を減少させる方法としてアイコンタクトの欠如が生じるのである。自閉スペクトラム症の人にとって、話すことに注意すると同時に視線を合わせる労力は大きなものであるため、視線を合わせず会話に集中しようとすることで、脳神経細胞の過剰刺激を制限しているようだ。しかし当然ながら、アイコンタクトが欠如すれば相手の心情を想像しにくくなり、他者との関係性をうまく調整できなくなる。

また自閉スペクトラム症とは関係なく、私たちは相手のことを気にするあまりアイコンタクトを避けるときがある。これもまた、相手の気持ちに隙間《すきま》をつくるための道具の一つを失った状態といえるだろう。

目を合わせることは、人間の他者と自己に対する身体意識を高めることが研究でわかっている。それもあって、アイコンタクトは心理カウンセリングにおいても自己意識の促進要因として使用可能だと示唆されている。

ちなみに新生児は感知しているものの区別をつけようと光刺激に反応し、早い場合には生後2週間でアイコンタクトを取れるようになるそうだ。しかしながら、保護者からのアイコンタクトが乏しければそれに影響された幼児が目合わせを始める時期が遅れてしまうこともあると観察されている。

認知神経科学の研究によれば、アイコンタクトをあまり取れない場合は、その他の身体的接触を媒体にしたコミュニケーションを援助することが望ましいとされている。近年ではロボットを抱きかかえたり、その手を握ったりしながら対話する手段も発達してきており、親密な身体的接触を確保するためにさまざまな手段がとられている。心の痛みを伝達するうえでも、ポジティブな身体的接触は極めて大事なことなのだ。

身体的接触はその他に、ソーシャル・シンクロニシティ（社会的共時性）を促進するともされる。これは社会を生きる他者と感情を同期させる能力であり、社会におけるボンディング（絆）の形成や、健全な他者性の発達に重要な役割を担う。ソーシャル・シンクロニシティは人生の早期に発達し始め、社会的コミュニケーション全般や幼児の成長に重要な役割を果たす。ボディタッチやアイコンタクトといった身体的接触はコミュニケーションで他者と何かを分かち合う際の、ファシリテーターの役割を担っているとみなすことができる。

筆者の考えでは、痛みに対する共感体験もまたソーシャル・シンクロニシティを高めると思う。他者と精神的な苦痛を共有する経験は人間の基盤を成すといっても過言ではないだろう。

理想的なポジティブコミュニケーションには五感を積極的に活用することが大切で、その点では物理的な距離が重要になる。近距離の一対一の会話が最も望ましく、遠距離の会話においてはアイコンタクトが可能なビデオ通話の方が、音声のみの電話よりも好ましい。

後天的な発達障害？

近年の日本では、発達障害の過剰診断の傾向がある。その原因に、狭義の先天的な要因の強い発達障害ではなく、コミュニケーションの困難に起因する文化依存的な発達障害にまで診断が拡大されていることがあるのではないかと筆者は考えている。小児の発達過程で能力が獲得されなかった文字通りの発達障害ではなく、慣習的行動が引き起こす、後天性発達障害に類似した現象である。

こうした文化現象由来の症状を、アスペルガー症候群などと同じ分類の高機能発達障害として解釈するのは十分ありうることだ。なぜなら原因が異なるとはいえ、臨床で診られる病態像はかなり類似したものであるからだ。患者を目の前にした精神科医が、発達障害の基準を満たしていると感じてもおかしくない。しかし、先天的か後天的かで原因が違うわけだから、同じアプローチで対応することは望ましくない。両者は違う現象と区別した方が臨床にも役立つだろう。

文化そのものに序列はない

最後に、何度も繰り返すがそもそも文化に根づく慣習や行動自体は一種の財産と解釈でき、それぞれの文化に特有な現象や行動に優劣はつけられない。国や地域の間にあるのは質的な違いであり、そこに善悪の判断を下すべきではない。異なる文化間に優劣をつける考え方は差別的である。本書で提案してきたことやメッセージは、ともすれば欧州中心主義として誤解されるおそれがある。しかしそういう見方は短絡的である。

たしかに筆者は本書の中で個人主義のすばらしさを謳《うた》い、集団主義の落とし穴を批判してきた。ただし、日本に住む一人の人間として日本社会をより良い仕組みにしたいし、みなさんとともに理解を深めたいという意図しかない。ヨーロッパが歴史や文化の中心であるという欧州中心主義的な考え方から日本社会を批判しているわけではないことを強調したい。当たり前だが、イタリアにもヨーロッパにもアメリカにも日本にも良い点と改善すべき点がある。この本では日本社会を対象に、改善可能なところを指摘してきただけだ。日本に比較的固有である社会現象とその精神的な影響を解明して「文化依存症候群」を検討すること。そして問題解決に向けて意識を高めること。それが本書の目的だった。また、全てのケースに当てはまるわけではなく「全体の傾向」であることも注意してほしい。

もちろん、文化依存症候群は日本以外の国や地域でも見られるものだ。パッと思いつくだけでも、漢民族の「コロ」と呼ばれる陽気の衰退による抑うつと不安を伴う心気妄想や、アフリカで観察されている他者の妖術をおそれる悪性不安などがある。逆に、地域固有の症状が何もない方が珍しいのではないか。あくまで日本の特徴とそれによる課題を発見し、対策を考えることが重要であった。

より良いコミュニケーションのための五つのモットー

では、筆者が日本における慣習の改善点だと捉えた「迷惑ノイローゼ」や脆弱性への抵抗感、遠慮や建前やキャラ文化といったコミュニケーションを和らげるには、何をすればいいのか。誤った認知と行動の訂正を促すような、シンプルな五つのモットーを挙げてみたい。

①　他者に嫌われてもいい

他者に嫌われないように行動すれば、自分自身の固有性を裏切る「キャラ」が私たちの心に定着し、生きるのがどんどん息苦しくなる。相手の感情と気持ちを自分より優先すると、自分の欲しいことや自分の幸せがわからなくなってしまう。

②　人に落ち込んでいる姿を見せてもいい

元気なふりを続ければ自己感情との解離が生まれてしまう。他者に尽くすために自分の器を超えるほどの無理をしてはいけない。他者に負の感情を見せることは日本社会においてタブーかもしれないが、真に他者と支え合う関係を構築するには、自分の本物の感情をまるごと共有するのは健全な行動である。他者に優しすぎることは現実的ではないうえ、嘘っぽくも見えるだろう。親密な関係ではなくても他者の前で怒っていいし、悲しんでもいい。

③　自分の意見を言ってみよう

他者に嫌われたくなくて自分の意見を言わない人は、実際に考えていること、感じていることとあわせて発言してみよう。必ずしも過去の自分、普段の自分の「キャラ」と一致しない意見であっても、表現することは重要だ。自分の固有性を育むためにも、建前の壁を打ち破るためにも。人は変わることが自然だから、過去に示したキャラと矛盾していてもいまの自分をどんどん他者に見せよう。変化はすばらしい。

④　目上の相手でも断っていい

他者を優先して自分を犠牲することは、美化すべきことではない。他者に対して断る努力は、自分の限界を知るためにも有効だ。他者を優先するのは文化的だけでなく生理的な現象としても捉えられる。人間は他者の頼みを断りづらく、承認欲求に惑わされて、相手からの感謝の気持ちに依存してしまう。しかし、その代価として自分の限度を忘れて「お世話係」として燃え尽きてしまうリスクがあることを忘れてはいけない。

⑤　自分のユニークさに自信を持って、自分を苦しませない行動をとってみよう

根拠がなくても、自分に自信を持ってみよう。「私は特別」。その根拠のない自信が自分の本当の性格、やりたいこと、感じていることに気づく出発点になり、健全な自尊心をつくる。自分の尊厳を削らなくても、他者と有意義な関係を持つことはできる。

あなた自身を苦しませない言動をして、「素」の姿で生きてみませんか？

あとがき

今回も書籍を作り上げる旅が終わりました。

みなさん、ここまで読んでいただき誠にありがとうございます。この書籍は私にとって、とても感情的な体験と言えます。実はこの書籍の内容を思いついて書き始めたのは、3年前のことです。当時は医師の初期研修で多忙な毎日を過ごす中、人付き合いがチグハグになったり、コミュニケーションがすれ違ったり、失望を経験したばかりの身でした。自分の気持ちを言葉にしないと落ち着かないと気づいて、「文化に左右されるコミュニケーションとは一体なんなのだろう？」という自分への問いかけに、導かれるように原稿を書きました。

自分の気持ちを伝えることは人間にとって抑えることのできない欲求です。でも、仕事やプライベートで相手のためにと配慮するうちに、純粋な感情を伝えるのを諦めてしまうことが誰しもあるでしょう。私もそうでした。しかし、人間として、精神科医としてそれは本当に良いことなのか？　患者さんや周りの人の観察やコミュニケーションを重ねる中で、どうしても疑問が消えなかったのです。

本書の中では「気疲れ」という言葉を使いましたが、こうした気づかいが極まっている日本社会では燃え尽き症候群のリスクが高いのではないかと思います。いろいろな観察や研究を通じて、そのような結論に至りました。

強いていえば、「結論に至った」という言い回しは正しくないかもしれません。社会は常に流れ続け、進化を遂げるもので、その姿を完全に掴むのは至難の業です。そして、流れ続けるものだからこそ、その中に生きる私たちはいつの間にか人生の本当の目的、つまり幸せになることを見失ってしまうことがあります。そうならないためにも、問いかけ続けることが肝心です。この社会では問いかけや疑問がしばしばマイナスなものだと捉えられます。しかし「批判」は「否定」ではありません。改善へ向けたプロセスだと、私は信じています。その意図がみなさんに伝わったことを祈ります。

この本の目標はシンプルです。一人ひとりにもっと幸せになってほしい。そして、もっと健康な社会を築き上げたいのです。

謝辞

本書の編集者の光文社の高橋恒星さん。実はこの本が出版されるまでは波瀾万丈の旅でした。高橋さんのおかげで、本棚に並ぶようになったと言っても過言ではありません。いつも私の本質を保つ編集をしてくださってありがとうございます。

ＷＣＳの徳丸小栗さんと木村友紀さん。これからも一緒に創作の道を切り拓きましょう。

表紙のイラストを描いてくださった先崎真琴さん。大好きなＦＧＯのイラストレーターにオリジナルキャラクターを描いていただく機会が訪れるとは、夢にも思っていませんでした。

私がイメージしたイラストのコンセプトは、本音を表したキャラクターである「パク」と、建前を表したキャラクターである「ニラ」のストーリーです。本音の王子様のパクを虜にした魔女のニラは、本心を伝えさせないように能面と魔術でパクの言葉を奪おうとしています。このコンセプトに先崎さんがすばらしいイラストでこたえてくださいました。この美しいイラストが書店に並ぶのを見ることが楽しみです。

また、本文中のイラストを書いてくださったコッリアス・ヴァレンティナさん。今回も可愛いスタイルのイラストをありがとうございました。

そして本書を読んでくださったみなさん。最後まで付き合っていただき、改めてありがとうございました。私の夢はこのような評論を書き続けることに加えて、創作に携わることです。険しい道のりですが、みなさんの温かい応援を原動力に、これからも頑張ります！

パントー・フランチェスコ　拝
Francesco Pantò

Triandis, H. C. (1995). *Individualism And Collectivism.* https://doi.org/10.4324/9780429499845

Whelan, E. G. (1982). Increasing clinical proficiency: A summer clinical course. *Nurse Educator, 7*(5), 28-31. https://doi.org/10.1097/00006223-198200750-00005

青木貞茂．（2014）．キャラクター・パワー：ゆるキャラから国家ブランディングまで．

河合隼雄．（1999）．中空構造日本の深層．

岸見一郎，& 古賀史健．（2013）．嫌われる勇気：自己啓発の源流「アドラー」の教え．

斎藤環．（2014）．キャラクター精神分析：マンガ・文学・日本人．

酒井順子．（2006）．負け犬の遠吠え．

中根千枝，& 現代新書編集部．（2019）．タテ社会と現代日本．

マンリオ・カデロ．（2014）．だから日本は世界から尊敬される．

Okita, H. (2018). Influence of Caregivers' Sense of Acceptance Towards Children's Expression of Negative Emotions. 大阪総合保育大学紀要, *12*, 85-96.

Paul Stephens, J., & Carmeli, A. (2017). Relational leadership and creativity: The effects of respectful engagement and caring on meaningfulness and creative work involvement. *Handbook of Research on Leadership and Creativity*, 273-296. https://doi.org/10.4337/9781784715465.00021

Pelham, B. W., & Swann, W. B. (1989). From self-conceptions to self-worth: On the sources and structure of global self-esteem. *Journal of Personality and Social Psychology, 57*(4), 672-680. https://doi.org/10.1037/0022-3514.57.4.672

Pennebaker, J. W. (2011). *The Secret Life of Pronouns: What Our Words Say About Us*. Bloomsbury Publishing USA.

Perez-Oviedo, W. A. (2023). Rational expectations, ergodicity and social expectations. *SSRN Electronic Journal*. https://doi.org/10.2139/ssrn.4390074

Sarvimäki, A., & Stenbock-Hult, B. (2014). The meaning of vulnerability to older persons. *Nursing Ethics, 23*(4), 372-383. https://doi.org/10.1177/0969733014564908

Schelling and Sartre on being and nothingness. (n.d.). *The New Schelling*. https://doi.org/10.5040/9781472547675.ch-007

Sellman, D. (2005). Towards an understanding of nursing as a response to human vulnerability. *Nursing Philosophy, 6*(1), 2-10. https://doi.org/10.1111/j.1466-769x.2004.00202.x

Stenbock-Hult, B., & Sarvimäki, A. (2011). The meaning of vulnerability to nurses caring for older people. *Nursing Ethics, 18*(1), 31-41. https://doi.org/10.1177/0969733010385533

Stephens, J. P., & Carmeli, A. (2016). The positive effect of expressing negative emotions on knowledge creation capability and performance of project teams. *International Journal of Project Management, 34*(5), 862-873. https://doi.org/10.1016/j.ijproman.2016.03.003

Stets, J. E., & Burke, P. J. (2000). Identity Theory and Social Identity Theory. *Social Psychology Quarterly, 63*(3), 224-237.

Stryker, S., & Rosenberg, M. (1980). Toward an adequate social psychology of the self. *Contemporary Sociology, 9*(3), 383-385. https://doi.org/10.2307/2064244

Tatemae and Honne: Distinguishing Between Good Form and Real Intention in Japanese Business Culture. (1988). *Choice Reviews Online, 26*(02), 26-0709-26-0709. https://doi.org/10.5860/choice.26-0709

Thoits, P. A., & Hewitt, L. N. (2001). Volunteer work and well-being. *Journal of Health and Social Behavior, 42*(2), 115-131. https://doi.org/10.2307/3090173

Triandis, H. C. (1989). The self and social behavior in differing cultural contexts. *Psychological Review, 96*(3), 506-520. https://doi.org/10.1037/0033-295x.96.3.506

Keshmiri, S., Sumioka, H., Nakanishi, J., & Ishiguro, H. (2017). Emotional state estimation using a modified gradient-based neural architecture with weighted estimates. *International Joint Conference on Neural Networks (IJCNN).* https://doi.org/10.1109/ijcnn.2017.7966409

Kitayama, S., Markus, H. R., & Lieberman, C. (1995). The collective construction of self esteem. *Everyday Conceptions of Emotion,* 523-550. https://doi.org/10.1007/978-94-015-8484-5_30

Kruml, S. M., & Geddes, D. (2000). Exploring the dimensions of emotional labor: The heart of hochschild's work. *Management Communication Quarterly, 14*(1), 8-49. https://doi.org/10.1177/0893318900141002

Kuwamura, K., Sakai, K., Minato, T., Nishio, S., & Ishiguro, H. (2013). Hugvie: A medium that fosters love. *2013 IEEE RO-MAN.* https://doi.org/10.1109/roman.2013.6628533

Lerner, R. M., & Steinberg, L. (2009). *Handbook of adolescent psychology, volume 1: Individual bases of adolescent development.* John Wiley & Sons.

Luhmann, N. (1989). *Ecological communication.* University of Chicago Press.

MacInnes, J. (2005). Work-life balance and the demand for reduction in working hours: Evidence from the British social attitudes survey 2002. *British Journal of Industrial Relations, 43*(2), 273-295. https://doi.org/10.1111/j.1467-8543.2005.00355.x

Markus, H. R., & Kitayama, S. (1991). Culture and the self: Implications for cognition, emotion, and motivation. *Psychological Review, 98*(2), 224-253. https://doi.org/10.1037/0033-295x.98.2.224

Mayer, J. D., Salovey, P., & Caruso, D. R. (2012). Mayer-Salovey-Caruso emotional intelligence test. *PsycTESTS Dataset.* https://doi.org/10.1037/t05047-000

McGlone, F., Wessberg, J., & Olausson, H. (2014). Discriminative and affective touch: Sensing and feeling. *Neuron, 82*(4), 737-755. https://doi.org/10.1016/j.neuron.2014.05.001

Minkov, M., Blagoev, V., & Hofstede, G. (2012). The boundaries of culture: Do questions about societal norms reveal cultural differences? *Journal of Cross-Cultural Psychology, 44*(7), 1094-1106. https://doi.org/10.1177/0022022112466942

Morris, J. A., & Feldman, D. C. (1996). The Dimensions, Antecedents, and Consequences of Emotional Labor. *The Academy of Management Review, 21*(4), 986-1010. https://doi.org/10.2307/259161

Nester, W., & Ampiah, K. (1989). Japan's oil diplomacy:*Tatemae and Honne. Third World Quarterly, 11*(1), 72-88. https://doi.org/10.1080/01436598908420140

NITOBE, I. (2018). *Bushido: The Soul of Japan.* Lulu Press.

Nixon, A. E., Bruk-Lee, V., & Spector, P. E. (2016). Grin and Bear It?: Employees' Use of Surface Acting During Co-worker Conflict. *Stress and Health, 33*(2), 129-142. https://doi.org/10.1002/smi.2689

syndromes. *History of Psychiatry, 29*(3), 363-385. https://doi.org/10.1177/0957154x18782746

Deaux, K., & Ethier, K. A. (1998). Negotiating Social Identity. *Prejudice,* 301-323. https://doi.org/10.1016/b978-012679130-3/50049-1

Desai, S. (2009). Mental Health Problems in the Workplace. *Promoting Workplace Well-Being,* 42-53. https://doi.org/10.1057/9780230274099_4

Doi, T. (1985). *Omote to URA.*

Elkind, D. (2007). *The Power of Play: Learning What Comes Naturally.* Da Capo Press.

Emotional Intelligence with Daniel Goleman. (1999). *PsycEXTRA Dataset.* https://doi.org/10.1037/e576082010-001

English, F. W., & Papa, R. (2020). Aesthetics of leadership. *Oxford Research Encyclopedias of Education.* https://doi.org/10.1093/acrefore/9780190264093.013.646

Fittipaldi, S. (2023). Review for "Overactivation of posterior insular, postcentral and temporal regions during preserved experience of envy in autism". https://doi.org/10.1111/ejn.15911/v1/review2

IV. Foundations for Moral Relativism. (2013). *Foundations for Moral Relativism,* 45-70. https://doi.org/10.2307/j.ctt5vjtsm.7

Freud, A. (1965). *The writings of Anna Freud: The ego and the mechanisms of defense.*

Gardner, A. (2004). Introduction: Social agency, power, and being human. *Agency Uncovered: Archaeological Perspectives on Social Agency Power and Being Human,* 11-25. https://doi.org/10.4324/9781843148524-8

Goldberger, N. R. & Veroff, J. B. (1995). *The Culture and Psychology Reader.* NYU Press.

Gudykunst, W. (2004). *Bridging Differences: Effective Intergroup Communication.* https://doi.org/10.4135/9781452229706

Hadjikhani, N. K. (2010). *Emotion perception in autism.*

Hoffmann, E. A. (2016). Emotions and emotional labor at worker-owned businesses: Deep acting, surface acting, and genuine emotions. *The Sociological Quarterly, 57*(1), 152-173. https://doi.org/10.1111/tsq.12113

Hoffmaster, C. B. (2006). What does vulnerability mean? *Hastings Center Report, 36*(2), 38-45. https://doi.org/10.1353/hcr.2006.0024

Hofstede, G. J., Jonker, C. M., & Verwaart, T. (2010). Cultural differentiation of negotiating agents. *Group Decision and Negotiation, 21*(1), 79-98. https://doi.org/10.1007/s10726-010-9190-x

Johnson, M. M. (1993). Thinking about strategies during, before, and after making a decision. *Psychology and Aging, 8*(2), 231-241. https://doi.org/10.1037/0882-7974.8.2.231

Kashima, Y., Kashima, E., & Kidd, E. (2014). Language and culture. *The Oxford Handbook of Language and Social Psychology.* https://doi.org/10.1093/oxfordhb/9780199838639.013.010

参考文献

Adu-tutu Bofah, E., & Ntow, F. D. (2018). Internal/external frame of reference: Exploring the paradoxical relations between mathematics and self-concept across 29 countries. *Ghana Journal of Education: Issues and Practices (GJE), 4,* 44-59. https://doi.org/10.47963/gje.v4i.495

Being and Time. (n.d.). *The Bloomsbury Companion To Heidegger.* https://doi.org/10.5040/9781472548313.ch-023

Benedict, R. (2005). *The Chrysanthemum and the Sword: Patterns of Japanese Culture.* Houghton Mifflin Harcourt.

Benedict, R., & Van Gennep, A. (1978). The Chrysanthemum and the Sword: Patterns of Japanese Culture. *RAIN,* (24), 14. https://doi.org/10.2307/3032420

Berkman, L. F. (n.d.). *A Historical Framework for Social Epidemiology.*

Best, S. (1995). *The Politics Of Hisotorical Vision: Marx, Foucault, Habermas,* 162-223. https://doi.org/10.4324/9780203985380-11

Blackman, D. (1974). Operant conditioning. *Operant Conditioning,* 38-53. https://doi.org/10.4324/9781315083735-4

Burke, P. J., & Stets, J. E. (2009). *Identity Theory.* Oxford University Press. https://doi.org/10.1093/acprof:oso/9780195388275.001.0001

Burston, D. (2007). *Erik Erikson and the American Psyche: Ego, Ethics, and Evolution.* Jason Aronson.

Carel, H. (2009). A reply to 'Towards an understanding of nursing as a response to human vulnerability' by Derek Sellman: vulnerability and illness. *Nursing Philosophy, 10*(3), 214-219. https://doi.org/10.1111/j.1466-769x.2009.00401.x

Colman, A. M., Pulford, B. D., & Rose, J. (2008). Collective rationality in interactive decisions: Evidence for team reasoning. *Acta Psychologica, 128*(2), 387-397. https://doi.org/10.1016/j.actpsy.2007.08.003

Cross, S. E. (2009). Relational Self-Construal: Past and Future. *Social and Personality Psychology Compass, 3*(6), 949-961. https://doi.org/10.1111/j.1751-9004.2009.00223.x

Cross, S. E., Bacon, P., & Morris, M. (1999). Self-concept structure, functions, and implications: The role of the relational-interdependent self-construal in relationships. *PsycEXTRA Dataset.* https://doi.org/10.1037/e413782005-404

Cross, S. E., Morris, M. L., & Gore, J. S. (2002). Thinking about oneself and others: The relational-interdependent self-construal and social cognition. *Journal of Personality and Social Psychology, 82*(3), 399-418. https://doi.org/10.1037/0022-3514.82.3.399

Crozier, I. (2018). Introduction: Pow Meng Yap and the culture-bound

パントー・フランチェスコ（Francesco Pantò）

イタリア、シチリア島出身。ローマのサクロ・クオーレ・カトリック大学医学部卒業。ジェメッリ総合病院を経てイタリアの医師免許を得てから来日し、日本の医師免許を取得。筑波大学大学院博士号取得（医学）。慶應義塾大学病院の精神・神経科教室に入局し、現在は複数の医療機関にて精神科医として臨床にあたっている。著書に『アニメ療法《セラピー》』（光文社新書）、『イタリア人の僕が日本で精神科医になったわけ』（イースト・プレス）。

X（Twitter）：@PantoFrancesco

日本《にほん》のコミュニケーションを診《み》る　遠慮《えんりょ》・建前《たてまえ》・気疲《きづか》れ社会《しゃかい》

2023年9月30日初版1刷発行

著　者 —— パントー・フランチェスコ

発行者 —— 三宅貴久

装　幀 —— アラン・チャン

印刷所 —— 堀内印刷

製本所 —— 国宝社

発行所 —— 株式会社光文社
東京都文京区音羽1-16-6（〒112-8011）
https://www.kobunsha.com/

電　話 —— 編集部03（5395）8289　書籍販売部03（5395）8116
業務部03（5395）8125

メール —— sinsyo@kobunsha.com

　ISBN 978-4-334-10066-7

光文社新書

1251

山本五十六、最期の15日間

歴史に埋もれた「幻の3番機」

池田遼太
〈語り〉青木蔵男

「私は1943年4月18日、米軍に撃墜された長官機の後ろを飛んでいました」。99歳の元搭乗員が明かす、山本五十六の戦死の真相。日本海軍の頂点と地べたが交わる戦場ノンフィクション。

978-4-334-04658-3

1252

再考 ファスト風土化する日本

変貌する地方と郊外の未来

三浦展

全国各地のロードサイドに同じような商業施設が建ち並ぶ「ファスト風土化」によって、郊外とそこに暮らす人々の意識はどう変わったか。小説家、建築家、研究者ら13名の論考を収録。

978-4-334-04659-0

1253

コミュ力は「副詞」で決まる

石黒圭

「めっちゃ」「やっぱり」「じつは」「なるほど」「せっかく」「あいにく」「おかげさまで」…etc. 気持ちを効果的に伝える最強の助っ人「副詞」、その分類と機能を知り、使い方の勘所を学ぶ。

978-4-334-04660-6

1254

阪神タイガースはなんで優勝でけへんのや？

喜瀬雅則

歴史　看板　風土　戦略　育成　苦悩　誤解　派閥　そして「アレ」——9つの枠組で分析する優勝が遠のく理由。阪神ファンの元番記者だから書けた「新・阪神タイガース論」。

978-4-334-04661-3

1255

定年前と定年後の働き方

サードエイジを生きる思考

石山恒貴

定年前と定年後の働き方は、個人の思考ひとつで大きく変わる——。この時期を、どう働き、どう過ごし、どう生きるのか。幸福な働き方を実現する思考法を、研究理論と実例から探る。

978-4-334-04662-0

1256

編集者の読書論
面白い本の見つけ方、教えます

駒井稔

古典新訳文庫創刊編集長が綴《つづ》る気取らぬ読書論。話題！書店や出版社、作家、歴史的人物、古典、短編、児童書へと縦横無尽に広がり、未読の本の存在にわくわくすること間違いなし！

978-4-334-04663-7

1257

超遺伝子《スーパージーン》

藤原晴彦

生き物の不思議議を司る超遺伝子。メスの一部だけが擬態するナガサキアゲハなど、ダーウィンとウォレスが残した謎を解き明かして見えてきた、遺伝学の新たなフロンティアに迫る。

978-4-334-04664-4

1258

理想の職場マネージメント
一軍監督の仕事

高津臣吾

個性豊かな選手がひとつの方向を向くチームをつくるには？セ・リーグ連覇、交流戦優勝、ゆとりローテーション、言葉の力――球界に革新を起こす名将が自らのマネージメント手法を語る。

978-4-334-04665-1

1259

参議院

倉山満

参議院を制する者が日本の政治を制する――。参議院とはいかなる存在なのか。誕生の背景から歴代政権のスタンス、そして現代日本政治まで、憲法学、政治学、歴史学の視点で検証。

978-4-334-04666-8

1260

東大生のジレンマ
エリートと最高学府の変容

中村正史

急増する休学者に、急進的な起業志向――保守的なはずの東大で、あえて「レール」を踏み外す学生が増えている理由とは？激変する東大と東大生の「今」を、当事者たちの声が浮き彫りにする。

978-4-334-04667-5

光文社新書

1261
宇宙・0・無限大
谷口義明

私たちの想像が及ばないほど広大な宇宙は無限の大きさを持つのか。また、この宇宙に0となる物理量は存在するのか。シンプルながらも深遠な問いに天文学者が果敢に挑む一冊。

978-4-334-04668-2

1262
世界視点で読む 企業戦略とアート
上坂真人

なぜ世界のトップ企業は事業としてアートに投資するのか。日本には何が欠けているのか。ビジネスとしてのアートの役割と活用法を、豊富な事例とデータから分析・提言する。

978-4-334-04669-9

1263
教養を磨く
宇宙論、歴史観から、話術、人間力まで
田坂広志

哲学の究極の問い／「運命」とは何か／「人生百年時代」の覚悟／「死」とは何か／二一世紀の「利他主義」――教養とは答えの無い問いを問い続ける力。21世紀の「新たな教養」論。

978-4-334-04670-5

1264
戦時下のウクライナを歩く
岡野直

突如始まったロシアによるウクライナ侵攻。破壊された街で、失われた日常に、そこに生きる人たちは何を思うのか。ジャーナリストが歩いて、見て、聞いた、市民による〝戦い〟の記録。

978-4-334-04671-2

1265
アフガニスタンの素顔
「文明の十字路」の肖像
青木健太

カブール陥落から2年――タリバン統治の実態は？ 女性の権利は？ 和平実現への道筋は？ そして日本が果
役割は？ 激変するアフガニスタン社

1266
生理痛は病気です
邱紅梅

「我慢してやり過ごす」はＮＧ！　日本女性の生理が
牲になっていること、その先に待ち受けるリスクを解説。原因を根本から解決する「養生」の方法を中医学をベースに伝える。

978-4-334-04673-6

1267
ＣｈａｔＧＰＴの全貌
何がすごくて、何が危険なのか？
岡嶋裕史

ＣｈａｔＧＰＴと上手に付き合う方法を学び、その能力を最大限引き出すには？　基礎知識からクリエイティビティ、今後の進化、人類の未来への影響までわかりやすく解説。

978-4-334-10013-1

1268
アートとフェミニズムは誰のもの？
村上由鶴

「みんなのもの」になろうとするエネルギーを持っているアートとフェミニズム。両者に対する理解の断絶が進んでいる現在の状況に風穴を開けるには？　美学研究者による新しい試み。

978-4-334-10014-8

1269
不自由な社会で自由に生きる
「自由論」講義録
ウスビ・サコ編

社会は自由なように見えて、昔も今も違う形で不自由だ。宗教、表現、芸術、性、公共、そして私自身――。私たちを縛るものを知り、自由をつかみとるための８つのレッスン。

978-4-334-10015-5

1270
まんが 押川先生、「抗がん剤は危ない」って本当ですか？
押川勝太郎
おちゃずけ

怖いのは、闘う相手の正体を知らないから――治療の不安、医師との関係、お金、患者会、食事、周囲の人の心得など様々な疑問に、ＹｏｕＴｕｂｅで活躍の腫瘍内科医がまんがで答えます。

978-4-334-10016-2

光文社新書

1271

結婚しても一人

自分の人生を生きる

下重暁子

しょせん、夫婦は他人——。大事なことは「求めない」「期待しない」etc. 夫婦がストレスなく暮らしていくためのヒントとは。50年続いた結婚生活と87年の人生を振り返りながら綴る。

978-4-334-10017-9

1272

日本のコミュニケーションを診る

遠慮・建前・気疲れ社会

パントー・フランチェスコ

本音と建前、過剰な遠慮、「キャラ」の空疎な会話。『アニメ療法《セラピー》』著者のイタリア人精神科医が、日本社会の独特なコミュニケーションによって心身を害する危険性に警鐘を鳴らす。

978-4-334-10066-7

1273

新書100冊

視野を広げる読書

高橋昌一郎

いま、何を読んでおくべきなのか？　今日のニュースの背景から、あの学問の最先端まで。多彩な分野のエッセンスを、この1冊に凝縮。「知」の足場を築くための珠玉のブックガイド。

978-4-334-10067-4

1274

恋愛結婚の終焉

牛窪恵

恋人は欲しくない？　恋愛は面倒？——でも、結婚はしたい⁉ 改善されない未婚化と少子化の真の原因はどこにあるのか。昭和の常識から脱却し、「共創結婚」の重要性を検証・提案する。

978-4-334-10068-1

1275

朝、起きられない病

起立性調節障害と栄養の関係

今西康次

「だるさや頭痛、吐き気で起きられない」…中高生の1割が悩む起立性調節障害を栄養の観点から治療・改善させ
が、発達に必要な栄養や周囲の対応に

1256

編集者の読書論

面白い本の見つけ方、教えます

駒井稔

古典新訳文庫創刊編集長が綴《つづ》る気取らぬ読書論。話題は海外の書店や出版社、作家、歴史的人物、古典、短編、児童書へと縦横無尽に広がり、未読の本の存在にわくわくすること間違いなし！

978-4-334-04663-7

1257

超遺伝子《スーパージーン》

藤原晴彦

生き物の不思議を司る超遺伝子。メスの一部だけが擬態するナガサキアゲハなど、ダーウィンとウォレスが残した謎を解き明かして見えてきた、遺伝学の新たなフロンティアに迫る。

978-4-334-04664-4

1258

理想の職場マネージメント

一軍監督の仕事

髙津臣吾

個性豊かな選手がひとつの方向を向くチームをつくるには？ セ・リーグ連覇、交流戦優勝、ゆとりローテーション、言葉の力――球界に革新を起こす名将が自らのマネージメント手法を語る。

978-4-334-04665-1

1259

参議院

倉山満

参議院を制する者が日本の政治を制する――。参議院とはいかなる存在なのか。誕生の背景から歴代政権のスタンス、そして現代日本政治まで、憲法学、政治学、歴史学の視点で検証。

978-4-334-04666-8

1260

東大生のジレンマ

エリートと最高学府の変容

中村正史

急増する休学者に、急進的な起業志向――保守的なはずの東大で、あえて「レール」を踏み外す学生が増えている理由とは？ 激変する東大と東大生の「今」を、当事者たちの声が浮き彫りにする。

978-4-334-04667-5

光文社新書

1261 宇宙・0・無限大

谷口義明

私たちの想像が及ばないほど広大な宇宙は無限の大きさを持つのか。また、この宇宙に0となる物理量は存在するのか。シンプルながらも深遠な問いに天文学者が果敢に挑む一冊。

978-4-334-04668-2

1262 世界視点で読む 企業戦略とアート

上坂真人

なぜ世界のトップ企業は事業としてアートに投資するのか。日本には何が欠けているのか。ビジネスとしてのアートの役割と活用法を、豊富な事例とデータから分析・提言する。

978-4-334-04669-9

1263 教養を磨く 宇宙論、歴史観から、話術、人間力まで

田坂広志

哲学の究極の問い／「運命」とは何か／「人生百年時代」の覚悟／「死」とは何か／二一世紀の「利他主義」――教養とは答えの無い問いを問い続ける力。21世紀の「新たな教養」論。

978-4-334-04670-5

1264 戦時下のウクライナを歩く

岡野直

突如始まったロシアによるウクライナ侵攻。破壊された街で、失われた日常に、そこに生きる人たちは何を思うのか。ジャーナリストが歩いて、見て、聞いた、市民による〝戦い〟の記録。

978-4-334-04671-2

1265 アフガニスタンの素顔 「文明の十字路」の肖像

青木健太

カブール陥落から2年――タリバン統治の実態は？　女性の権利は？　和平実現への道筋は？　そして日本が果たすべき役割は？　激変するアフガニスタン社会を広く深くリポート。

978-4-334-04672-9

1266

生理痛は病気です

邱紅梅

「我慢してやり過ごす」はＮＧ！　日本女性の生理が社会の犠牲になっていること、その先に待ち受けるリスクを解説。原因を根本から解決する「養生」の方法を中医学をベースに伝える。

978-4-334-04673-6

1267

ＣｈａｔＧＰＴの全貌
何がすごくて、何が危険なのか？

岡嶋裕史

ＣｈａｔＧＰＴと上手に付き合う方法を学び、その能力を最大限引き出すには？　基礎知識からクリエイティビティ、今後の進化、人類の未来への影響までわかりやすく解説。

978-4-334-10013-1

1268

アートとフェミニズムは誰のもの？

村上由鶴

「みんなのもの」になろうとするエネルギーを持っているアートとフェミニズム。両者に対する理解の断絶が進んでいる現在の状況に風穴を開けるには？　美学研究者による新しい試み。

978-4-334-10014-8

1269

不自由な社会で自由に生きる
「自由論」講義録

ウスビ・サコ編

社会は自由なように見えて、昔も今も違う形で不自由だ。宗教、表現、芸術、性、公共、そして私自身――。私たちを縛るものを知り、自由をつかみとるための８つのレッスン。

978-4-334-10015-5

1270

まんが　押川先生、「抗がん剤は危ない」って本当ですか？

押川勝太郎
おちゃずけ

怖いのは、闘う相手の正体を知らないから――治療の不安、医師との関係、お金、患者会、食事、周囲の人の心得など様々な疑問に、ＹｏｕＴｕｂｅで活躍の腫瘍内科医がまんがで答えます。

978-4-334-10016-2

光文社新書

1271 結婚しても一人
自分の人生を生きる

下重暁子

しょせん、夫婦は他人——。大事なことは「求めない」「期待しない」etc. 夫婦がストレスなく暮らしていくためのヒントとは。50年続いた結婚生活と87年の人生を振り返りながら綴る。

978-4-334-10017-9

1272 日本のコミュニケーションを診る
遠慮・建前・気疲れ社会

パントー・フランチェスコ

本音と建前、過剰な遠慮、「キャラ」の空疎な会話。『アニメ療法《セラピー》』著者のイタリア人精神科医が、日本社会の独特なコミュニケーションによって心身を害する危険性に警鐘を鳴らす。

978-4-334-10066-7

1273 新書１００冊
視野を広げる読書

高橋昌一郎

いま、何を読んでおくべきなのか？ 今日のニュースの背景から、あの学問の最先端まで。多彩な分野のエッセンスを、この1冊に凝縮。「知」の足場を築くための珠玉のブックガイド。

978-4-334-10067-4

1274 恋愛結婚の終焉

牛窪恵

恋人は欲しくない？ 恋愛は面倒？——でも、結婚はしたい⁉ 改善されない未婚化と少子化の真の原因はどこにあるのか。昭和の常識から脱却し、「共創結婚」の重要性を検証・提案する。

978-4-334-10068-1

1275 朝、起きられない病
起立性調節障害と栄養の関係

今西康次

「だるさや頭痛、吐き気で起きられない」…中高生の1割が悩む起立性調節障害を栄養の観点から治療・改善させている医師が、発達に必要な栄養や周囲の対応について症例を交え解説。

978-4-334-10069-8